大雅叢刊

尋找資訊社會

赫伯・朵廸克
(Herbert S. Dordick)

汪琪

著／三民書局印行

國立中央圖書館出版品預行編目資料

尋找資訊社會／Herbert S. Dordick,
汪琪著.--初版.--臺北市：三民：
民84
　　　面；　　公分.--(大雅叢刊)
參考書目：面
ISBN 957-14-2136-7 (精裝)
ISBN 957-14-2137-5 (平裝)

1.資訊社會

541.49　　　　　　　　　　84005935

© 尋找資訊社會
The In formation Society

著作人　赫伯・朵廼克(Herbert S. Dordick)
　　　　　汪琪
發行人　劉振強
著作財產權人　三民書局股份有限公司
發行所　三民書局股份有限公司
　　　　地址／臺北市復興北路三八六號
　　　　郵撥／〇〇〇九九九八一五號
印刷所　三民書局股份有限公司
門市部　復北店／臺北市復興北路三八六號
　　　　重南店／臺北市重慶南路一段六十一號
初版　中華民國八十四年九月
編號　S 44417①
基本定價　陸元陸角
行政院新聞局登記證局版臺業字第〇二〇〇號

有著作權·不准侵害

ISBN 957-14-2136-7 (精裝)
THE INFORMATION SOCIETY written by Herbert
S. Dordick, Georgette Wang, published by
Sage Publications, Inc.
© 1993 by Sage Publications, Inc.
© for exclusive Chinese Language by San
Min Book Co,. Ltd., Taipei, Taiwan, 1995

自　序

　　對於觀察、研究資訊科技及社會發展的人來說，可能所有的理論、信條或原則當中只有一項是恆久不變的，那就是人類社會永遠在改變當中。近年來資訊科技的發展與社會的改變尤其快速。

　　民國八十二年與朵迪克教授所合寫的《資訊社會》英文版在美國出版時，我就準備要寫中文版，但是因為工作而耽擱下來。過了兩年當我終於有機會專心寫作時，才發現原來世界已經又不一樣了。

　　經過再一次資料搜尋以及分析之後，我得到了與英文版頗為不同的心得。由一九九〇年代電腦的發展趨勢來看，未來「資訊社會」的重心很可能不是美、日學者所預言的知識或精神生活，而是影視娛樂。但是對人類社會的未來而言，這樣的發展究竟會帶給我們什麼後果，是一個很嚴肅，而且還沒有人能夠回答的問題。

　　在這樣一個快速變遷的時代，預測未來是一件吃力不討好的工作；本書的目的也不在此。但是當各國淹沒在一片資訊化及資訊高速公路的美景當中時，至少我們應該清楚真實世界所呈現的面貌如何。

　　在此作者要特別聲明本書所引用的資料均來自國際組織。由於世界各國情況不同，資料收集過程無可避免地有許多困難存在，因此我們不能執著於數字的精確性；統計分析的最大貢獻，應該在於呈現了資訊化發展的軌跡。

　　最後，作者要感謝協助本書研究分析工作的幾位朋友：DARRYL CHIU、陳淑麗、YUAN JUN 及李振興，並以此書獻給我們的家人。

尋找資訊社會　目次

第一章　資訊社會：爲什麼談它？

一九六三年，梅棹忠夫（Tadao Umesao），一位京都大學的教授首次預測「資訊工業」的來臨，那已經是三十年以前的事了。在差不多同時，住在地球另一端的哈佛大學教授貝爾（Daniel Bell）預測了「後工業社會」的來臨，那也已經是二十多年前的事情；就算是被視爲相當先進的「傳播革命」這個名詞，問世也有十餘年。

在過去三十年當中，我們目睹資訊工業在世界各國迅速成長，逐漸形成一個新的經濟產業——資訊產業。專家學者一而再、再而三地告訴我們工業時代的盛世已經成爲過去，取而代之的是資訊時代。在資訊時代我們的環境會更清潔、更令人愉快，生活更知識導向，品味層次也更高，因爲我們所珍惜的，將不再是有形的財產或物品，而是無形的理念與想法。但是正當我們要邁入資訊時代的今天，我們的生活眞的比以前更好了嗎？這就是資訊社會了嗎？如果是，下一個階段又是什麼？

由某一方面來看，我們已經逐漸習慣於一種具有資訊時代特色的生活方式。一九九〇年代，全世界最有名的一條高速公路叫做資訊高速公路。雖然到今天還是有許多人弄不清楚究竟資訊高速公路的意涵是什麼、它與過去我們所討論許久的電腦數據網路又有什麼不同，但是美國副總統高爾（A. Gore）一提出這個名詞，立刻得到大眾傳播媒介和各國政府的熱烈回響。

除了資訊高速公路之外，無論在餐廳裡、街上或會議室，都看見手裡拿著或腰間插著通話器的「大哥大族」；銀行、百貨公司爭相推出各種各樣電子銀行、電子購物的服務；討厭出門的人可以在街角便利商店

的「第五臺」買到電影票；而利用電視、甚或衛星電視教學的「電視大學」也早已在臺灣、大陸、印度、哥倫比亞，以至於歐美各國展開；我們打一〇四問電話號碼，回話的不是服務小姐，而是「語音合成器」。

當波斯灣戰雲密佈，美軍的最高統帥布希總統不但沒有坐鎮在白宮，反而四出打高爾夫球、垂釣、度假。這些活動似乎絲毫沒有妨礙到他指揮大軍的工作，為什麼？原因很簡單，我們不但有了電子郵件、電子銀行、電子購物，而且也已經有了「電子統帥」！過去在科幻小說裡才會看見的情節，而今我們已經習以為常。

由統計數字中，我們清楚地看到如錄影機、電話、傳真機及其他資訊傳播媒介的快速成長。今天工業國家當中接近一半的勞動人口受僱於資訊業。即使在不屬於資訊業的行業，如農業、漁業，也少不了收集、處理以及傳佈資訊的工作。今天美國資訊產品及附加價值服務的產值已經超過國民生產毛額（Gross National Product, GNP）的45％，在日本和西歐也已超過40％。即使我們應用狹義的定義，全世界資訊工業的產值在公元二〇〇〇年之前仍會超過 5,000 億美元；佔全世界工業產值的40％。

近年來在一片經濟不景氣聲中，資訊服務業仍持續與資訊工業同步成長。在美國，線上資訊服務業的成長率達到20％。據估計，資料庫的國際市場約在 60 到 70 億美元，而目前世界上已經有 4,500 個以上具有規模的資料庫。

在電腦產品方面，筆記型電腦已經取代過去龐大到整個房間都放不下的大電腦。微電腦處理機的能量（power）幾乎每兩年就增加一倍。這樣下去，到本世紀結束時，超電腦的體積將會縮減到記事簿那麼大，電腦晶片也將與我們的遺傳因子 DNA 比大小。觀察家預測，未來電腦將與我們的服裝、首飾等個人物件結合，正式成為我們的一部分。

在其他資訊科技，我們也可以見到類似的快速發展。多年以前，能

在家裡看到遠地傳來的電視節目是件令人興奮的事。如今衛星已經逐漸將全球的電視節目「國際化」；幾乎每個國家都可以由衛星接收到其他國家的節目，即使是敵對國家的也不例外。

然而在這一股勢不可擋的資訊化潮流之中，也有一些令人感到困惑的現象出現。到一九九一年中，世界電腦業的領袖美國，忽然出現成長衰退的情況。這次一九八〇年代中期以來就未曾有的衰退導致一連串的連鎖效應：減價、減產、公司合併、裁員，甚至倒閉。曾經叱吒一時的王安電腦總公司便未能逃過破產的噩運。美國如此，西歐各國更是一片蕭條，大小電腦公司均未能倖免。這個不景氣的現象到了九〇年代中期雖有好轉的跡象，但是大型電腦的市場仍然持續負成長。

由統計數字來看，這一波的不景氣是生產過剩所致。據估計，過去數年間電腦產品的生產成長率約在10％左右，但是消費的成長則維持在3％到4％間。在日本，一九七二年生產的所有資訊當中，大約只有11％被「消費」，但是到了一九八二年，這個百分比降到7％。這些數字告訴我們，無論是資訊或資訊設備的生產，都超出消費者所需要的數量。

此外，一九八〇年代人人以為即將到來的「無紙辦公室」(paperless offices) 又如何了呢？時至今日，我們的用紙量似乎並沒有減少；無論是印表機、影印機或傳眞機，每天都在消耗大量的紙張。電子圖書館與電子報紙迄今沒有能宣告成功；不少大的出版及金融事業，如麥格希爾 (McGraw-Hill)、騎士報團 (Knight-Ridder)及花旗銀行(Citibank)，都有數百萬美元投資化爲泡影的慘痛經驗。資訊產業雖然不斷擴張，但是相較於三、四十年還未電腦化、資訊化的年代，白領階級的生產力並沒有顯著的提昇。雖然藍領階級工人的生產力確有改進，我們不要忘記，資訊時代將以白領工作爲勞動的主幹。

假使生產與消費資訊、資訊設備的差距正在擴大，另一個更令人憂

心的現象，是所謂「資訊富有」者（information-rich）與「資訊貧窮」者（information-poor）之間差距的增長。當資訊科技與電信媒介出現之初，學界曾經燃起一片新希望；他們以爲過去大眾傳播媒介所未能完成的工作，如今終於可以由無遠弗屆、多功能、高能量的新媒介完成。一時之間，電腦、通信衛星與電話取代了過去廣播、電視的地位，被認爲是推廣成人教育、促進現代化、甚至凝聚國家認同的利器。事隔多年，雖然在少數幾個國家，如印尼、印度，資訊科技在國家發展計劃中擔負了重要的角色，在大部分其他貧窮的第三世界地區，人民仍然在饑餓的邊緣掙扎；連最基本的電話網路也不健全，電腦也就只有存在少數人的夢想裡了。在這些國家，文盲佔了人口的大部分，衛生保健的常識缺乏，平均壽命短促，貧窮是一般人生活的寫照，政府連外債尚無力償付，更不必奢談資訊化。如果資訊果眞是未來發展的契機，資訊科技的崛起對開發中國家人民又具有什麼意義呢？而資訊資源分佈不均，是否助長了情勢的惡化？第三世界還有「迎頭趕上」的機會嗎？

相對地，在那些自命爲資訊社會的國家，也並非「情勢一片大好」。資訊科技與現代化的電信網路助長了跨國企業的形成，也促使足以壟斷全球市場的資本主義出現。對某些國家而言，上述發展代表財富以及左右市場的能力，但是對其他一些國家，這種趨勢帶來的是失業、貧窮以及經濟自主權的斲喪。雖然過去的預測指出資訊工作者將是未來經濟的主幹，但是當企業合併、外移或自動化時，他們往往是首先被裁汰的人員。最近數年，如新加坡、臺灣、香港、韓國等新興工業國家，雖然還能維持4％以上的經濟成長率，一些資訊化程度較高的國家如美國、日本，卻普遍呈現不景氣的現象。不景氣的原因固然非常複雜，但是如果資訊社會的理論正確，則資訊化應該是維持經濟成長的契機。針對這一點，資訊化顯然沒有達到預期的功能——或者我們應該說：即使有，也未能挽回頹勢。

　　資訊科技與電信媒介的另一項功能，是實現並加速國家、社會的整合。由三萬多個島嶼所組成的國家印尼，便將宗教、語言與文化的整合視爲其衛星計畫的主要任務，但是在這方面資訊科技也並非無往不利。因共產主義垮臺而紛紛獨立的前蘇聯各共和國便是一個明顯的例子。雖然新科技挾帶大量的外來資訊進入到這些新近對外開放的國家，宗教及種族的衝突卻使時光倒流到一次世界大戰前的狀況。在歐洲，觀衆早已習慣在「太空頻道」(Sky Channel) 收看其他歐洲國家製作的節目，然而象徵歐洲大團結的馬斯垂克條約舉步維艱; 甚至連語言、文化傳統及種族都是一體的前東、西德人民，也仍然存在著歧見與紛爭。似乎一方面我們是更「國際化」、更「全球化」了，但是另一方面我們同時也更「區域化」、更「本位主義」。

　　面對上述這些矛盾的現象，我們需要對過去資訊社會的理論、以及社會科學家對資訊化結果所作的一些預測，作一次詳細的、徹底的檢討，看看理論提出之後的這二、三十年當中，究竟資訊化在世界各國已經進展到什麼地步，它的意義何在，而未來的發展是否果眞會朝向原先預測的方向邁進，抑或我們應該重新評估未來可能的走向?

　　爲了回答上述的問題，在這本書裡面我們嘗試由回顧過去，檢討現況到展望未來。我們尤其關心的，是過去對資訊科技的期望究竟是否切合實際? 早先所設定的資訊化目標當中，有哪些達到了，哪些沒有達到，而沒有達成的原因又是什麼?

　　根據早期社會科學家的預測，傳播科技與電信傳播不但爲我們帶來新的社會，也帶來新的「人類」; 有了傳播科技，人將得以將他的潛能發展到極致，性靈昇華。當資訊革命取代工業革命之後，以前所有的，屬於工業社會的問題都會一掃而空，專家們說。時至今日，固然資訊產業已然成爲工業國家的經濟主幹，我們對於資訊化帶給組織、家庭、以及個人的影響卻不十分清楚，經過工業革命的體驗，人對於科技是否有

了更確切的認識、以及更有效的掌控？簡單說，科技的運用更人性化了嗎？

近年來有關資訊化的研究大量湧現。研究的範圍包括資訊媒介的普及程度、使用行為、市場供需、政策及法規，而且遍及歐洲、北美，以及亞洲、拉丁美洲的開發中國家及新興工業國家。本書將廣泛參考這些研究的結果，嘗試描繪世界各國資訊化的進展、及其影響。

我們究竟是在目睹一個新時代、新社會、抑或僅只是一種新經濟產業的來臨？對於資訊化觀察入微的學者威廉斯（Raymond Williams）就宣稱，現今所發生的一切，都不過是工業革命的延續而已。「新」或「不新」，也正是我們所尋求的答案。

參考資料：本章的資料來自國內外書籍、期刊、報紙、研究報告及出版品。許多引用的來源在往後幾章有詳細資料。

第二章　資訊科技、資訊社會與經濟發展

　　一九六三年梅棹忠夫提出了資訊工業的概念（Ito, 1981）。他以生物進化的三個階段，消化器官期（如變形蟲）、手足期（由植物而動物）、以及頭腦期（智慧最高者主宰世界）來解釋、並預測人類工業的三個進程：農業期（以滿足胃腸的需求）、工業期（以交通及電信設施為主幹，展延手足的活動力），以及資訊期（以人類智慧發展的極致為期許）。他的構想雖未明言，卻也暗示了未來資訊社會的來臨。

　　往後的數十年當中，資訊社會漸漸在日本形成熱門的課題。但是受到語文的限制，日本學者的論點一直到一九八〇年，增田米二的《資訊社會》一書出現英譯本之後才廣為世人所知。這一方面的討論與歐美學者在「後工業社會」及「知識工業」（詳見第四章）方面的研究重點雖然不一，在大方向上卻頗為一致。兩方的融合，使得資訊社會的理論風行一時。在檢討全球資訊化進展之前，我們有必要了解社會科學家所構想的資訊社會究竟是何種風貌。

一、「進步」的理念與資訊社會

　　在早期日本學者的討論當中，資訊社會的輪廓並不十分清晰，但是精神價值（spiritual value）的提昇，相對於物質價值（material value）的貶抑，卻是十分受到重視。換言之，對於日本學者而言，未來的資訊社會將是一個強調精神生活，而非物質享受的社會。此一重點的移轉，

影響每個人的價值觀，也影響他們的生活目標。

在歐美學者相關的討論當中，精神生活雖然未被視為是未來社會的重心，他們卻也不約而同地認為人類社會將由工業進展到後工業，正如當初由農業進展到工業。無疑地社會型態的轉換意指人類的進步，而各個學者對於進步的緣起及過程各有不同的詮釋。

對於資訊社會的概念，我們大致上可以追溯到兩條不同的發展途徑。其中之一包括了達倫朵夫（Rolf Dahrendorf）、貝爾（Daniel Bell）、伊勒爾（Jacques Ellul）的論點。他們嘗試將科技快速發展、日益精密的現象與新社會的出現結合。羅斯陶（Rostow）曾經以曼因（Thomas Mann）一本小說中的情節比喻社會發展的三個階段：「第一代追求財富；第二代生於富有之家，追尋社會地位；第三代生於富有而具威望之家，轉而追求音樂的生命（Rostow, 1961: 150）。」另一條發展的途逕則直接關聯到以資訊及知識為主的產業，包括梅棹忠夫（Umesao）及增田米二在日本，以及馬可洛普（Fritz Machlup）及波拉特（Marc Porat）在美國所觀察到的現象。

達倫朵夫、貝爾及伊勒爾嘗試宣揚的是一個進步的理念。達倫朵夫（1975:81）認為滿足物質需求的下一個適切步驟是「自由」的社會目標（societal goal of liberty）。他主張只有當一個社會的物質目標已經達到之後，才可能在資源公平分配的情況下追尋自由。達倫朵夫的自由理念不是要貧窮的人享有財富，而是嚮往一個資源平均分配的社會：一個能體認追求自由的需要、而且容許選擇不同生活方式的社會。

達倫朵夫承認滿足物質需要必須擴張經濟，但是改進社會的手段卻是政治的。他說：「公眾，……公開……這就是改進社會的真意（Dahrendorf, 1975: 81）。」他不否認經濟成長必需解決貧窮、不公平、糧食短缺及污染的問題，但是如果我們改進社會的目的是保障「新自由」，則經濟成長就不應該是注意的焦點。無論是針對已開發或開發

中國家，他的這一項論點都有其獨到之處。

至於貝爾的「後工業社會」論點則強調以取得以及編纂理論知識爲社會的主軸，與羅斯陶（Rostow）社會發展階段論中，將經濟發展爲主軸的說法迥異。對貝爾而言，權力繫於知識（Bell, 1973：18-20）。他認爲在工業化之後，會出現一種「由知識主導，以進行社會控制及指引創新、變遷的社會」。在貝爾的語彙裡，社會控制需要更明智的決策，正因爲一般人對於資訊與知識的重視。由於決策者很不容易排定公眾心目中事務的輕重緩急，決策本身便成爲一個主要的難題，而這個難題只能靠團體之間的協調來解決。但是要有效地去協調與爭取權益，我們必須了解每一種方案所帶來的好處以及必須爲之付出的代價，這又必需要資訊與知識提供答案。

雖然經濟活動與科技在「後工業社會」的論點中佔據相當重要的地位，貝爾一再強調在決策的過程當中，社會的考量應優先於經濟的考量；固然引入非經濟性的價值觀可能導致效率降低、生產量減少以及其他的代價，貝爾認爲社會考量所涵蓋的範圍更廣，也更週全（Bell, 1973: 43-43）。

簡單地說，貝爾認爲後工業社會的意義有以下幾個層面:

1、它強化了科學以及認知價值的角色，使之成爲社會中各組織機構的要件;

2、由於決策趨於技術性，科學家與經濟學家開始直接涉入決策的過程;

3、由於知識性工作與官僚體系結合的趨勢日益明顯，對於追求知識、以及知識價值的傳統定義也激發了重新定位的需要;

4、在創造、並擴展了技術性知識分子的階層之後，一個關鍵性的問題是，技術性與非技術性知識分子間的關係應該如何。

貝爾認爲由工業到後工業社會的改變，可以由工業轉型到服務業的

過程中看出來；白領階級，尤其是專業及技術性人員在全部勞動人口中比例增加，與「知識科技」（intellectual technology）的興起，都是重要的指標。所謂「知識科技」尤其彰顯了科技的重要性，因為它意指決策者可以運用統計或數學發展出一套指令或電腦程式，以作為解決問題所遵循的依據❶。在未來社會，最重要的職業類別將是專業、工程師、技師及科學家，因為後工業社會所必需的科技革命不可能由藍領階級主導。貝爾預測，一羣受過高等教育訓練的菁英將成為新的統治階級；而這個新的統治階級將會依循既定的標準，將社會帶向發展及進步。

表 2-1　經濟部門

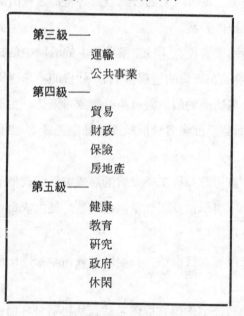

第三級——
　　運輸
　　公共事業
第四級——
　　貿易
　　財政
　　保險
　　房地產
第五級——
　　健康
　　教育
　　研究
　　政府
　　休閒

來源：摘錄自 D. Bell，《後工業社會的來臨》，1973，紐約。

---

❶ Gershuny（1978）問為何這些精英會受到政治性的支配，果真如此，則為何他們比立即做決定者更非唯物論？ Bell 基於何根據而假定精英會採用這種為改善社會而生的價值觀？

正如表 2—1 所顯示，雖然貝爾曾經嘗試定義資訊及知識產業，但是最後仍採用了較傳統的辭彙。值得注意的，是他從未將「後工業社會」明確地稱之為「資訊」，或「知識」社會。他說：

「有人問過我為什麼將這個構想中的社會稱之為『後工業社會』，而不是知識社會、或資訊社會，甚或專業社會……在西方社會中，我們身處一連串的改變當中，舊有的關係、權力結構……等都快速瓦解，……新的社會型態究竟會呈現什麼風貌，並不十分清楚。」（Bell, 1973: XIV）

顯然在當時，貝爾有意為自己預留空間。他的看法究竟是缺乏先見之明，抑或具有獨到的智慧，就有待後人的評斷了。

堪稱社會改進派的另一位主要人物是伊勒爾。雖然在有關資訊社會概念的討論中，他的重要性不及達倫朵夫或貝爾，其重要著作《科技社會》（*The Technological Society*）卻對形成資訊社會概念的哲學基礎有相當重要的貢獻。貝爾認為後工業社會植基於「知識科技」的想法，便與伊勒爾的主張十分相似。

對伊勒爾而言，技術（technique）不僅只是科技，甚至也不只是一組科技；它是一種心態。他引用拉斯威爾（Harold Lasswell）的定義說，技術是「一種實踐，經由這種實踐人們運用所有的資源以達到具有價值的目的（Ellul, 1964）。」伊勒爾預測，在我們即將進入的時代裡，所有的行為舉措都經過事前的計畫，有其明確的目的；為了達到這些目的，我們必須應用一連串的技術。人與技術不再是分裂的個體；兩者必須融合為一才能在科技社會中生存。伊勒爾警告說，這種趨勢未必全然是有益的；缺少了精神價值的社會，將顯得空洞貧乏。因此科技社會中的個人必須設法在靈活運用科技的同時，保住人性的一面。

由以上的討論，我們可以釐清三種進步的典範：新自由典範、後工

業社會典範，以及科技社會典範。一九七二年，日本的電腦應用發展研究所（Japan Computer Usage Development Institute, JACUDI）宣佈了一個頗具野心的計劃。計劃的內容包括建立對企業以及個人都有利用價值的資料庫、實施電腦教育、並設置資訊管理系統（ＭＩＳ）。此一計劃在增田米二的著作《資訊社會》一書中有詳細的描述。

根據增田米二的想法，進步的必要性與人性價值的維持可以充分結合。他建議在資訊社會中，資訊價值、而非物質價值的產生是社會的主要動力，在經濟方面，便宜而且人人可以輕易取得的大量、高品質的資訊將伴隨傳佈這些資訊的系統網路而來。最終，以人性為依歸的資訊社區、參予式的民主，以及全球主義的精神將會顯現。

在許多人眼中，包括增田米二在內的日本學者已經為資訊社會塗上了一層烏托邦的色彩。他們的討論超越了經濟的層面，進而探究社會文化可能的發展，以及促進自我實現與和諧的人際關係等終極目標。對於伊勒爾而言，增田米二的烏托邦充分體現了他所主張的「具有人性面貌的科技（Ellul, V96 4:18）。」

相對於日本學者廣泛的興趣，在美國的兩位學者，馬可洛普（Machlup）及波拉特（Porat）將他們的研究集中在勞動人口分佈的改變及意義上。他們認為，當一個社會由生產農業及工業產品轉型到生產，以及傳佈知識，勞動人口的結構勢必會改變。波拉特認為由一九四〇年代開始，美國的職業種類以及生產活動和資訊的關係越來越密切。根據此一趨勢，美國已經可以稱之為一個資訊社會。在這一段期間，以資訊為最終產品的產業，成長率遠超越農業或工業。同時以資訊為業的勞動人口，也較農業、工業、甚至服務業多（Porat & Rubin, 1977）。

對於資訊社會來臨之後的預測

早期提出資訊社會概念的大多數學者，無論是日本或是歐美的社會

科學家，對於未來均抱持較正面的看法。這些爲未來描繪出一片「烏托邦」式遠景的學者（Masuda, 1981）認爲，　即將到來的社會與過去無論在經濟結構、生活方式或個人的價值取向方面，均截然不同。資訊社會中將不會再有空氣污染及交通阻塞的問題，因爲絕大多數的人會留在家裡上班、上學。由於電腦替人類處理了所有機械化的工作，人將可投注更多的時間在有創意的工作，　或是性靈的修養及昇華上。　由於人民可以隨時取得各種各樣的資訊，參與式的民主與完全開放的市場將可實現，邊陲與中心的對等關係無論是在機構、國家或全球的層面，都將重新定義；人與人、團體與團體，　以及國家與國家之間的關係也更爲和諧。

　　早期的樂觀論點廣爲流傳之後，以批判、政治經濟或文化理論爲研究取向的一些學者，　也陸續發表了他們對於未來的看法。　不同於以往的，　是他們的論點大多彰顯了悲觀的一面（Kumar, 1978; Williams, 1983）首先，他們認爲無論是四〇，抑或八〇年代的改變，都沒有影響到社會的基本架構，因此也談不上是革命。即使是利潤的競爭、工作場所日益加深的疏離感以及官僚體系無所不在的監督，也不過是重複工業時代的噩夢（Kumar, 1978: 231）。

　　相對於烏托邦式的未來，這些學者認爲，資訊社會象徵著黑暗時代的來臨；資訊及資訊科技只會爲一些豪門巨賈——例如跨國公司帶來好處，幫助他們進一步剝削消費者，或是執政者更嚴密地監控人民。結果貧富之間的差距只會擴張，而現在已經出現的一些問題，例如個人私密權以及國家主權的腐蝕，也將更形惡化（Lyon, 1988 :21-42）。

　　由理論背景來看，無論持樂觀、或悲觀看法的學者都各有其立論的依據；究竟未來是否會往什麼方向去發展，目前也還難有最後的定論，然而對於實際負責決策的人而言，無論是悲觀或樂觀，因爲資訊化而帶來的影響都是不可忽視的。這方面的討論，以諾拉（S. Nora）與敏克

（A. Minc）呈給法國總統的一份報告為最具代表性。這份報告稍後在一九七六年出版，不但成為暢銷書，而且被翻譯成數國文字，廣為流傳。

在諾拉與敏克的報告中，「資訊化」一辭首次出現❷。根據作者的解釋，「資訊化」是一個走向資訊社會的歷程，這個歷程中不單包括電腦電信系統的結合發展，它同時改變了整個社會體制與機構內的「神經系統」。他們認為，如果要確保資訊化對人民及國家有益，政府必須制定積極的政策，因為如果法國「不對她所面臨的挑戰作出有效的回應，其內部的緊張情勢將 使她無法掌控自己的命運（Nora & Minc, 1980: 3）。」而所謂的新挑戰正是「社會日益資訊化（原文為: l'informatisation de la société），其結果可能是福，也可能是禍」，純粹視法國政府所作的決策而定。

諾拉與敏克異口同聲地指出，資訊科技將加速高產能社會的出現；工作機會減少，但是工作本身會比較以前更有效、性質也與工業社會時期大不相同(Nora & Minc, 1980 :126)。伴隨工作性質的改變，那些有能力運用高科技處理有挑戰性工作的人、與非技術性工人之間的差距將日益擴大，而後者的工作不但單調、工資低廉，而且工作機會也少。為了充分利用資訊與資訊科技所帶來的好處，組織機構也必須調整其內部結構以及運用的方式。當知識成為社會發展的主要動力，社會與經濟方面伴隨而來的改變將不下於工業革命的影響。

諾拉與敏克的報告雖然受到歐美各國的重視，它究竟不是一本學術著作，對於究竟什麼是資訊社會，也沒有提供明確的定義。由報告的描述中，讀者可以了解到資訊社會將是一個以生產、傳佈以及消費資訊為

---

❷ 日本學者曾經創造"informationization"一字，但是 Nora 與 Minc 的報告採用了 "informatization" 來指資訊化之後， "informatization" 已普遍為西方所接受。

社會主要動力的社會。在這一方面，諾拉與敏克的看法與早期提出資訊社會概念的學者，如增田米二，並無重大的差異。但是不同於以往的，是他們指出資訊化的後果並非必然樂觀，亦非必然悲觀；有絕大部分必須視政府的政策是否能掌握契機、除弊與利而定。

　　無論是與烏托邦式的樂觀看法，或是和《一九八四》小說情節相倣的悲觀論點比較，諾拉與敏克都更「務實」。但是由於論戰的雙方都受困於自己所遵循的理論路線及價值觀（Hamelink, 1983: 76），至少在短期之內，我們看不到兩者建立共識的跡象。值得注意的，是無論在樂觀，抑或悲觀論的背後，都有三個共同的要素：科技、經濟成長、以及社會變遷，而這三個要素「正巧」也是大部分發展理論（development theories）的核心議題。很明顯地，發展理論與資訊社會理論各有其重點及歷史背景，例如資訊社會理論一向以資訊及知識在工業國家社會變遷中所扮演的角色為研究對象，而發展理論則嘗試尋求一個可以使發展中國家邁向坦途的有效方案。近年來由於越來越多第三世界國家將資訊化視為發展的必要步驟，我們在討論社會變遷時，已經無法忽視資訊化的重要性；同樣地，如果資訊社會的研究僅僅集中在少數幾個先進國家，其理論的效度與意義也勢必受到局限。今天資訊社會的理論仍然有待驗證，然而發展理論已經歷經了重大的修訂。如果我們能由發展理論的「發展」中汲取教訓，或許有助於進一步了解資訊化未來的走向。

二、發展的許多意涵

　　發展是一個複雜的歷程，包含了經濟、社會以及政治各方面的成長。發展經常也是一個痛苦的歷程，因為它對個人的信念與態度都有影響。在我們探討為何資訊化被視為刺激國家發展的要件之前，似乎有必要先了解發展的意涵究竟是什麼。

由文獻上看，發展理論是相當龐雜的；幾乎沒有一位知名的經濟學家不曾討論過這方面的問題。 自從二次世界大戰結束之後， 國際機構以及先進國家對第三世界國家所提供的大筆援助經費究竟應該如何作最有效的利用， 亟須理論及研究指引方向。 在此際各種發展理論紛紛問世， 包括： 根據工業國家發展歷史， 將發展視為一線型過程 (linear process) 的理論； 認為資本主義已經形成一種新的殖民主義， 而開發中國家必須面對的理論； 要成功就不能不徹底改造社經結構的理論；以及新近出現的， 認為唯有回歸到傳統市場經濟方能解決發展難題的理論 (Todaro, 1989)。 以下是這些理論較為詳細的介紹。

發展的階段

根據發展階段理論的說法， 所有工業國家都經歷過一系列的發展步驟與階段， 因此其他的國家也必然要經過同樣的歷程， 才能達到今天西方國家的水準。此一理論的代表性人物羅斯陶 (Rostow) 就曾經指出：

「依照經濟發展的情況，我們可以將所有人類社會歸入四個發展階段中的一個： 傳統社會、即將自給自足前的起飛階段、 邁向成熟的階段、以及大量消費的階段……。」 (Rostow, 1961)

在這個以經濟考量為主的模式中， 儲蓄、投資以及適量的外援被視為是開發中國家邁向工業國家發展途徑的必要條件。也就是說，假使第三世界各國的政府必須有效利用國內外儲蓄、刺激投資，經濟才能加速成長。

然而很明顯地，此一模式並不見得在任何國家都行得通；經濟是發展的必要、然非充分條件。能夠適用此一模式的國家，例如二次世界大戰之後的歐洲各國，大多擁有完善的政治及社會架構與組織，具有一心向上的人民、受過完整教育訓練的勞動人口，以及有效率的政府。所有

以上這些，都與一個國家是否有能力有效利用國內外資金、刺激投資有關。但是在今天，即使一個國家已經具備了以上的條件，它仍然面臨一條充滿變數的成長之路。由於國際上政治及經濟全球化的程度越來越高，第三世界國家已成爲一個複雜的國際體系中的一環，而外在的影響力經常可以輕易地抵銷內部所作的努力──不論計畫是多麼地完善。因此，一個開發中國家很可能忠實地遵循傳統的發展階段成長，也成功地平衡了外援以及本身政治及經濟的自主性，然而這個得之不易的成就，很可能因爲一個、或少數幾個深具影響力國家中所發生的事故而毀於一旦。最近幾年美國經濟的不景氣，便使得不少以美國爲主要市場的國家──包括我國，深受影響。

革新結構是發展的必需條件

此一模式的主要論點是，大多數發展中國家都非常重視傳統農業，而農業產值所佔的比例也大。這些國家的經濟的特色是鄉村地區人口龐大，但是生產力低落；相對地都市人口所佔的比例低，但是生產力較高。由於發展與成長需要現代化、多元、以及都市化的製造業及服務業，除非勞動人口能够由鄉村移轉到都市以提高生產力，否則就不可能達成目標。

正如前述歷史模式，這種發展理論的著眼點也是經濟因素；發展與現代化產業中工業投資和資本累積的速度，以及科技進展的程度都有密不可分的關係。

此一模式假設由農業所移轉出來的資金及勞動人口都可以投入工業；因此移轉的速度越快，成長也越快。但是假使工業應用自動化設備以及科技以減少人力支出，或資金湧向海外尋求更高的利潤，情況又將如何？結果很可能是國家的生產力、以及生產量提高，但是就業率下跌，或者是原本可以用以改善國內生活水準的資金流向海外。

此一模式的另一假設是鄉村地區有剩餘的人力，而都市中有充分的工作機會，事實上情況可能恰巧相反；都市中的失業率攀升，但是更多的人由農村不斷湧入，不但使失業惡化，也加重了社會福利的負擔。

當我們將世界經濟全球化的程度納入考慮，就會發現除非是在少數集權、有嚴格限制的國家，否則勞動人口以及資金都可以輕易地在國與國之間游走。最近這幾年，菲律賓、印度和土耳其都是大量外銷勞工的國家，即使人民遷徙遭到嚴格管制的中國大陸，也不斷有偷渡潮湧現。這種「勞工外移」的現象證實其國內並沒有足夠、或良好的工作機會，換句話說， 只有在傳統與現代產業 能夠完美配合的情況下經濟才會成長，然而在許多發展中國家，兩者的搭配並非天衣無縫。

結構革新論最大的缺點，是假設經濟成長只需要考慮經濟的因素，事實上有效的政府、睿智週詳的發展計畫、公眾在基礎設施上的投資、受過完好教育及勤奮向上的人民都是發展的必要條件。

全球經濟造成第三世界的依附及落後

由一九七〇年代開始，成長階段論及結構革新論的缺點逐漸浮現，而發展中國家對先進國家與日俱增的依附關係也使一般人不得不注意全球經濟的發展、和經濟殖民的現象。學者發現，發展中國家成為全球經濟的邊陲不是因為歷史性的因素，便是因為工業國家為了維持自己不斷的成長，故意造成這樣的局面，這種依附的關係一直是第三世界國家落後的主要原因之一。

在此一模式當中，落後被視為是外來因素所造成的；依附也不是邁向成長的第一步。解決難題唯一的方法不是改革現有的國際經濟體制，而是徹底改變邊陲與中心間不平衡的關係，由國際及國內雙方面著手，從事經濟改革，並縮小已開發、及開發中國家的差距。為了達到這個目的，較富有的國家必須提供大筆的援助，一些較為極端的方案甚至包括

重新分配發展中國家的私有資產，以達到某種形式的公平。

依附理論雖然在一九七〇年代盛極一時，但是到了八〇年代末期，世界經濟體制不可能有根本改變的情勢已經頗爲明顯，工業國家所能提供的援助因爲本身普遍的不景氣現象而萎縮，而東歐國家紛紛背棄共產主義，也顯示強制資源公平分配並不見得能帶來成長。在這種情勢下，依附理論所能貢獻的，就頗爲有限了。

自由市場足以帶來經濟成長及社會發展嗎？

近年來在美國、英國、西德等國出現了一股「新保守主義」的潮流；「公有制」不敵民營化的浪潮，舊有的法規遭到質疑、或廢止。一些主要的國際經援機構，如世界銀行或國際貨幣基金會也漸漸採取了同樣的態度，並且鼓勵開發中國家朝此方向發展。

此一論點主張，第三世界國家落後的主要原因是不當的物價政策，以及太多來自政府的干預。如果政府能够減少干預，讓自由市場及放任經濟自行調整、運作，則問題自能迎刄而解：物價會更爲合理，資源會有更有效的運用，如此亞當史密斯所謂的「看不見的手」也才能發揮作用。

但問題是並非所有發展中國家的決策者都充分了解市場或物價的本質，甚或他們的經濟也未必是成熟的貨幣經濟；也許更接近一種「以貨易貨」式的經濟型態。他們的政治、社會及經濟體制未必有利於市場的運作，一般人也缺少有關市場的正確觀念。當計劃經濟式的政策行之已久，而政府與人民都已習於「大有爲政府」、或「萬能政府」，市場運作的方式，往往不是一夕之間能够被接受的。「投資賠了錢找政府」正是適應不良的跡象。

「自由市場」模式的論點，與前述幾個模式同樣犯了以經濟掛帥的缺點。我們從不否認經濟成長是國家發展中重要的一環，但是經濟成長與國家發展，往往不能單靠經濟的手段達成，顯然這是許多研究國家

發展的學者所忽略的一點。

三、發展傳播 (Development Communication) 是社會及政治改革的催化劑嗎?

一九六四年一羣來自心理、社會及傳播等不同領域的學者在夏威夷的東西文化中心集會,首次將傳播可能在國家發展中所扮演的角色搬上會議桌。這次會議不但奠定日後傳播媒介在發展計劃中的地位,同時也影響到今天許多開發中國家對資訊化的看法。

檀香山會議的召開,有泰半肇因於當時學者以及負責推動第三世界現代化決策者對二次世界大戰結束以來,發展中國家經濟成長績效的不滿❸。

由勒奈 (Daniel Lerner) 等人在土耳其兩個小村落所作的研究結果,顯示傳播媒介令落後地區的區民不但有機會接觸到現代化的觀念,而且得以激發他們追求生活品質的改善以及信念、態度、行為的轉變 (Lerner, 1958)。一時之間,傳播媒介可能在國家發展中所發揮的影響力,立即吸引了各方面的注意。

---

❸ 由一九六八到一九七七年,由國際間主要金融機構借給第三世界國家的貸款,高達 100 億美元 (Kurian, 1978), 世界上最主要協助第三世界國家發展經濟的聯合國發展計畫 (United Nations Development Program) 的花費,到一九八○年也已高達 8 億 3,900 萬美元。僅僅是美國一國給其他國家的「美援」,在一九四六到一九七九的三十三年當中,也有 1,341 億美元,其中包含對臺灣的軍、經援助 (Statistical Abstract of the United States, 1980)。
總數驚人之外,第三世界所得到的經援增加比率,是另一個值得注意的數字。舉例來說,九年之內,國際銀行的貸款數目可以成長五倍。但是由於開發中國家政、經結構的問題一直沒有根本的改善,所有的援助都好像投入無底的黑洞,富有與貧窮國家的差距沒有縮小,但是開發中國家所負的債務卻日益升高,對國際金融機構的依賴程度,也日益升高。在這個情勢下,一些學者開始把注意力投注到傳播媒介可能對經濟發展造成的影響上。

　　由現在回顧過去，很顯然地當時的學者或決策者都犯了輕忽躁進的錯誤；傳播媒介並沒有，也不可能一手造成現代化的奇蹟。但是錯誤的造成，也並非完全出於無知。即使在二次大戰時，電晶體收音機已經遍及世界的每一個角落；無論是在沙烏地阿拉伯的駱駝商人、非洲部落地區的築路工人、中國大陸或蘇聯集體農場裡工作的農人，似乎都已經領略到收音機的美好之處。早在一九八〇年，當報紙的普及率在第三世界國家還沒有到達每 100 人 20 份的時候，收音機的普及率已經是 5 倍報紙的數目。不但如此，另一個主要的電子媒介，電視機也在先進國家中快速成長，而且幾乎每一個發展中國家也都在考慮是否應該引進電視以借重它傳佈消息、教育民眾、並促進國家發展。

　　在電子媒介迅速崛起的情況下，一九六四年的檀香山會議確定了一個基本的共識：「大眾傳播媒介——包括報紙、廣播以及電視，可以激勵開發中國家一些尚未全然為傳統束縛的民眾，促使他們邁向現代化。」與會人士認為，假使大眾傳播媒介能將外面世界的訊息帶入偏遠地區的村莊、部落，不但可以大大地拓展當地人民的視野，並可使他們對自己、以及自己所生活的環境有新的認識及期望。

　　由理論的觀點來看，上述傳播媒介在國家發展中所可能扮演的角色事實上與羅斯陶「經濟起飛階段論」的模式是一脈相承的；大眾傳播媒介激發傳統社會中人民現代化的欲望，政府充分掌控因為這種欲望而生的動力以達到經濟成長的目的。雖然政府究竟可以用什麼方法掌控因欲望提升而引發的現象，在當時並沒有討論出任何切實可行的方案，似乎大多數的學者都樂觀地相信只要人民有心追求更好的生活，國民生產毛額與國民所得便自然會提高。

　　自此之後，集合了傳播、心理、經濟以及其他社會科學專長而成的所謂「發展傳播」便正式成為發展階段模式中重要的一環。除了「媒介可以激發現代化欲望」的論點之外，勒奈並且提出一個連鎖反應式的發

展公式:

1. 都市化可以提昇識字率;

2. 識字率高可以提昇一般人使用大眾傳播媒介的頻率;

3. 頻繁接觸大眾傳播媒介可以促使民眾積極參與各項社會及政治活動,帶動整個國家的發展。

勒奈認為,大眾傳播媒介的使用、識字率、以及社會參與三者間彼此的緊密互動關係,實是現代化的關鍵因素 (Lerner, 1958)。

勒奈的研究,加上宣偉伯 (Wilbur Schramm) 等學者的鼓吹,使得一個有關傳播與發展的「主流典範」 (Dominant Paradigm) 逐漸成形。 根據這個典範, 第三世界國家應該大量投資在他們的傳播建設上面, 提高媒介的普及率。 如此一來, 數百 、 以至於數千年來束縛著落後地區人民的傳統習性及價值觀將一一瓦解,使人民有機會發揮他們創新、改革的力量, 從而使國家 、 社會邁向現代化的終極目標 (Jayaweera & Amnugama, 1987: 26)。

扼要地說, 我們可以將「主流典範」的論點歸納為下列幾項:

1. 國家發展即是將一個社會中所能產出的物資與服務發展到極致;而發展本身也是可以測量、或量化的;

2. 已開發國家與開發中國家最主要的差別,即在於物資與服務的多寡;

3. 對第三世界而言,阻礙其物資及服務產出最主要的障礙之一, 便是人民的自覺性。世世代代生存的狹隘範圍與環境,使鄉村、部落的居民無法了解他們可能有任何其他的選擇或機會。因此假使媒介能將世界上其他地方的成就與經驗告訴他們,他們將對自己的未來有新的評估與看法。他們將拋棄傳統及習俗,不再鎮日僅為溫飽而工作;當這些偏遠落後地區的人們了解到生產更多物資可以帶來更多收入、更多的收入又

可以再投資以進一步擴張生產力，更多的物資、儲蓄、投資、工作機會及需求就會環環相扣、接踵而至。

4. 要激發開發中地區人民的覺醒，最有效、最快捷的辦法便是利用以「科技」為基礎的大眾傳播媒介，尤其是廣播收音機，日後電視普及時，也可一併運用。這些電子媒介因為只藉助聲音及影像傳送信息，不似報紙或其他印刷品，需要識字的人方能閱讀，所以可以將有關保健常識、農耕的新方法、教育、以及其他任何的新知傳給偏遠、落後地區的人民。

勒奈的論點、以及檀香山會議的結論受到廣泛的重視之後，傳播媒介不但成為許多大型經援發展計劃的一部分，並且也在實際運用的效果上受到考驗。這些考驗主要回答兩個看似為一體的問題：（1）都市化是否同時提昇識字率與媒介使用行為； 識字率提昇媒介使用率， 而媒介使用率是否再會提昇社會參與的程度；（2）都市化提昇識字率、識字率提昇媒介使用率， 以及識字率與媒 介使用率共同 有助提昇社會參與（Alber, 1966）。

數年間在世界上各開發中國家所投下的人力、物力以及所作的研究不可謂不多，然而社會科學家始終無法得到完全符合發展傳播理論所預測的結果。 由於各地社經條件、歷史背景與文化均有不同， 而在現實環境中， 任何一個因素或變項的掌控都成為萬分複雜的挑戰， 舉例來說，假使一個地區的識字率持續上升了五年，這是否意味著在接下去的五年當中， 也應該有更多的民眾參與政治及社會活動？ 另一項研究發現， 假使以十年作為一個觀察的單位，則大致上得到下列的結論：傳播促進都市化、教育及發展；都市化促進教育，而教育再促進傳播及發展（Windham, 1970）。但是即使如此，主流典範所解決的問題，似乎並不少於這種決策模式所帶來的問題。

在某些方面來看，主流典範所鼓吹的部分理想已經實現；無論是已

發展或發展中國家都很快地進入了電子媒介的時代；基本的廣播設備大多不虞匱乏，節目的製作技巧也普遍受到農業推廣、或社會工作人員的重視。但是由第三世界整體的發展來看，情況並不如理想；一方面似乎原本就富有的更加富有，另方面原本貧窮的，卻更加貧窮。發展計畫雖然確實造就了若干改變，但這些改變卻是不受歡迎的。舉例來說，當落後地區的人民看到好萊塢電影中美國人生活的物質享受，自然也會生出渴慕之心。 依據勒奈的理論， 這種渴慕之心正是得以激發他們努力向上、勤奮工作的動力。 然而在現實環境中， 其他的條件卻往往無法配合。當工作不能帶來更多的收入、生產力無法提高時，人們對物質生活的期望越高，結果失望也就越強烈。演變到後來，不是政府必須強迫限制某些媒介的內容，便是引發社會、甚至政治的不安與動亂。印尼政府一度全面禁止電視廣告的播出，其原因即在此。

主流典範所引發的另一項爭議，是它完全忽略了國與國之間文化價值以及歷史背景的差異。國家發展與經濟成長固然為大多數第三世界國家所企盼，但是由於節目，尤其是電視節目製作成本高昂，為了節省開支，大量引入歐美節目，又使得觀眾直接受到西方思想觀念與行為作風的衝擊。這種衝擊， 包括親子與兩性關係、宗教信念與個人主義的色彩在希望保有本身文化特色的第三世界菁英分子的眼裡，未必是好的現象。何況外來資訊的優勢往往使得開發中國家的人民得到西方社會、而非他們自己所真正需要知道的消息。美國總統大選與歐洲皇室的緋聞或許是許多美國人、歐洲人所密切關心的，但是對於衣索匹亞、印度或巴拉圭的勞工與農民而言，卻沒有太大的意義。

固然，許多第三世界發展的計劃挫敗，並不能完全歸罪於大眾傳播媒介；何況事實上我們也不能抹煞媒介，尤其是廣播在散佈新知過程中所扮演的角色。以廣播節目內容作基礎的推廣計畫「廣播會談」(radio forum)，在許多地區得到良好的成效，迄今仍為人稱道。但是很明顯

地，要啟動國家發展的環節，光靠媒介是不夠的；除了有效的傳播管道，更重要的是健全的、公平的社會、經濟以及政治體制與配合得宜的政策。因此在批判學派的學者看來，達成國家發展目標的首要任務，應該是「將人民由不合理的體制中解放出來」，而大眾傳播媒介充其量也不過是「在第三世界複製了資本主義社會中無論在意識型態、或道德上來看都並不可取的個人主義與貪念」。

主流典範的理論不但遭到嚴厲質疑，其在第三世界——尤其是拉丁美洲的實踐成果，也頗令人氣餒。過去現代化的努力不但沒有創造出預期的美景，反而使貧富差距擴張、環境汙染與犯罪率上升。在失望之餘，經濟成長之外的一些考慮，例如生活品質、財富與資源的公平分享，與自主性的發展逐漸受到重視。其中最受重視的，是由舒梅克（Schumacher, 1975）所提出來的「小的才美」（Small is beautiful）、以及「適用的科技」（appropriate technology）的原則。

根據舒梅克的論點，過去第三世界的發展策略，包括依賴外來的援助、尖端的科技及觀念以求取經濟成長是錯誤的。他認為最佳的發展策略，是完全由這些國家自己決定他們所要走的路，並且避免與外在世界，尤其是少數先進國家，有太多的瓜葛。在舒梅克所舉的例子當中，中國大陸的土法煉鋼、坦桑尼亞的自助計畫、以及其他一些共產國家的經驗都是值得學習的模範。他認為平衡的成長，人力與社會資源的動員應該與經濟資源的動員得到同等的重視。另方面，文化特性更是任何發展計畫中所不能不考慮的因素。在他的構想中，第三世界的發展應該採取的方式包括：

　　1. 第三世界應該將基本需求的滿足置於經濟成長的考量之前；

　　2. 國際貿易與金融體系需要由根本改革；

　　3. 第三世界國家本身也需要改革，這包括土地改革、增加政治參與的機會，分散、而非中央集權式的計劃，以及創設合理的信用借貸機

構。

4. 放棄對外來援助的依賴，以及以高科技為基礎的發展策略；一切自給自足，運用適切本身成長需要的科技；不必太過強調製造業，同時應更加重視農業發展；

5. 發展的一切計劃必需在現有文化及習俗的基礎之上為之。

舒梅克的論點指出第三世界國家本土文化社經力量的重要性、以及一味迷信高科技萬能的誤謬。但是只要由他所舉出的少數幾個發展「成功」的模範：例如中國大陸的土法煉鋼，我們就可以了解閉門造車式的「自力發展」，成效終究將是十分有限。事到如今，即使這些國家本身也不否認當年的策略不但錯誤，而且造成難以收拾的後果。

今天，全球性的資訊化浪潮使得第三世界國家再一次面臨了新的挑戰與契機。但較之工業化，資訊化對開發中國家同樣具有其難行之處。

發展資訊化取代發展傳播？

雖然截至目前為止，我們很少看到有關「資訊科技」的嚴格定義，但是一般而言它多指電腦、電信與傳統大眾傳播媒介結合發展而成的高效能科技。以資訊為基礎的科技，包括電腦軟體、微電腦處理機可以多方面應用在電信傳輸、工廠及辦公室，提高生產力與產品的品質、進而提昇市場上競爭的能力，因此資訊化也就成為決策者心目中促進經濟成長的重要策略。

由於資訊科技高度知識、以及資本密集的特質，不但其在市場上極易形成壟斷，新手加入競爭的難度也較任何其他類別的產品為高。

先進國家，如美國、日本及西歐各國電腦化、資訊化的工作早在一九七○年代便已開始，但是在近十年之內，不少開發中國家也陸續將他們有限的資源投入資訊化的計劃當中。早在一九八一年，非洲聯盟組織的會員國就在一次會議中決議， 只要他們還希望使社會現代化 、 經濟

成長、並且在國際市場上競爭，　資訊科技的發展就有其必要（Hawk-
ridge, Jaworsky and McMahon, 1990: 6）。以亞洲地區而言，三個
新興工業國家，包括新加坡、南韓與臺灣都採取了積極的行動。一九
八○年，　新加坡政府首先看到電腦軟體深厚的發展潛力，　在政府中設
立了一個「部會級」的單位「國家電腦化委員會」（Committee for
National Computerisation, CNC）。然而不久新加坡政府就意識到僅
僅是電腦化並不能刺激經濟成長，所以又成立了一個由政府所有的公司
「電信局」（Telecoms Authority），加上一九八五年設立的「國家資
訊科技計劃工作委員會」（National Information Technology Plan
Working Committee），　新加坡正式邁出了十年資訊化計劃的第一步
（Kuo, 1989）。

　　在臺灣，電腦工業被列爲「十年經濟發展計劃」中的「策略性」工
業（鍾蔚文，汪琪，沈清松，1988）。爲了推動電腦工業的起飛，政府
在一九七九及一九八○年接連成立了三個相關單位：資訊工業策進委員
會以負責資訊工業研究與發展的工作；自動化小組以推廣工廠與辦公室
自動化、及新竹工業園區以提供高科技工業發展的良好環境（資訊工業
年鑑，1988: 2）。接下來的六年國家建設計劃中，一方面明列電信及資
訊工業的成長目標，另方面也繼續智慧型多元網路的建設、技術研發及
人才培育等工作。

　　在韓國，政府涉入電腦業的發展程度雖不及新加坡與臺灣，然而在
電信建設方面，例如提昇電信網路的品質、包括建設整體服務數位網路
（ISDN），也都列在長期經濟發展計劃當中（Lee, 1989）。

　　由起步的時間來看，上述新興工業國家確實佔了先機，但是他們卻
非唯一重視資訊化的國家。馬來西亞雖然遲至一九八七年才由政府積
極展開資訊化的工作，　其規模卻不下於新加坡；　一方面政府將電信事
業開放民營，　另方面大量採購硬體設備，　全力建設整合服務數位網路

(ISDN)、並發展衛星通訊（Measat）（Jussawalla, 1993: 131）。泰國不落人後，在日本優惠貸款的協助下，已採購了百萬具電話機，以充實鄉村地區的通訊設備。另外，印度也以減稅等策略刺激本國電腦工業的成長。中國大陸及印尼在政府政策上相對地較爲保守消極，然而這兩個國家近年來在衛星通信方面成績斐然。據估計，一九八三年發展中國家所擁有的同步通信衛星僅有３％。但是一九九二到一九九七年發射的通信衛星當中，卻有18％是屬於第三世界國家的，顯示發展中國家在這方面正快速趕上先進國家（Filep, 1991）。

資訊及傳播科技所帶來的新希望促使聯合國將一九八三年訂爲「世界傳播年」(World Communication Year)，強調傳播與發展的關係。其它的幾個重要國際組織，包括國際電信聯盟(International Telecommunications Union, ITU)、世界銀行（World Bank）及經濟合作發展組織（Organization for Economic Cooperation & Development, OECD ）也紛紛投入資訊化與發展的研究，並且得到了令人振奮的結果。

在非洲的肯亞，一些小企業發現他們因爲通信設施不良而導致的業務損失，是提供良好電話服務花費的十倍。另外一個針對143 個埃及村落所作的調查發現，電信的投資報酬率高達1: 40；如果社會成本排除在外，則同一比率可以進一步上升至1: 85 ❹。世界銀行估計，電信投資計劃的平均收益是18％，這還不包括其他間接得利的產業回收。而對印尼的政治領袖來說，資訊化的最大正面功效還不是可以衡量的經濟收入，而是國家意識以及凝聚力的提昇。

面對各國紛紛投入資訊化的行列，以及種種研究分析的結果，我們

---

❹ 在埃及，143 個村落顯示繼續投資電子通訊之投資報酬率是40:1，包含社會成本在內的話，比例是 8.535:1。世界銀行估計，電子通訊事業之投資直接回收率平均約在18％左右，如果把因爲電訊服務改善而增加的收益算進來的話，比例將更高。

很難否認資訊化在國家發展過程中的重要性。然而大眾傳播媒介潰敗的殷鑑不遠，新一代的媒介是否眞能完成過去廣播收音機所未能達成的任務？過去大眾傳播媒介所未能克服的困難，資訊科技是否有能力克服？當第三世界的資源是如此有限時，價格高昂、維修困難的資訊科技眞是「對症」的猛藥嗎？在一個十五名學生只能分到一本教科書的國家，我們是否應該告訴該國的決策者放棄教科書，去買電腦？

　　很明顯地，目前我們還沒有上述問題的答案。但是如果我們關心社會資訊化未來的演變以及其對全世界的影響，我們的眼光就必須擴展到少數先進國家以外的範圍。在第六章我們將對資訊化以及經濟成長作一詳細分析，但在此之前我們需要先看一看過去社會科學家如何測量社會資訊化的程度。

第三章 「資訊化」如何測量？

今天一個依賴資訊而運行的經濟體制，甚至於一個依賴資訊而運行的社會，已經由一個大膽的假設，成為一個口號，而如何測量資訊化的程度，也就和如何測量工業化的程度一樣，成為決策參考以及學術研究重要的課題。換句話說，當世界各國都汲汲於經營「資訊化」時，我們如何判斷其進展的速度？又所謂的「資訊社會」究竟有什麼標準呢？

要回答上述問題，我們必須在現實世界中尋找答案，並且發展出一套完整的指標以定義資訊化，正如過去所發展的許多工業化指標。固然測量與量化本身並不構成科學的充分與必要條件，但是量化的許多功能卻是其他方法所不及的。一旦使用一個統一的測量單位，我們就可以作跨越時間與空間的比較，得到有關未來發展趨勢以及不同發展型態的可貴資料。對於社會科學家而言，這些資料可以支持或推翻現有的理論，並指出未來研究可能發展的方向。對決策者而言，其重要性則在於幫助制訂切實可行的政策與資訊化計劃。

測量的重要性不容否認，但是所得的資料是否有價值卻要看測量工具的品質而定。經常我們為一些測量的結果所吸引，相對地忽略了資料取得的方式，以及量化工具的好壞。

在這一章我們介紹過去所使用過的幾種資訊化指標。大致上這些指標可以分為三類：(1)結構的，(2)經濟的，以及(3)社會的。

一、結構性指標

一個國家結構指標的特色往往是我們最容易得到，也是最直截了當的。但是正因爲如此，許多國家將資源集中在取得此類資料，並且誤以爲這些指標就是資訊化指標。

有效利用資訊的關鍵在於一般人是否能够輕易地得到他們所需要的資訊；而得到資訊的難易，又取決於資訊體系的結構是否完善，在許多國家，政府爲了確保人民取得資訊的權益，不得不制訂保護性的法令。例如在美國，無論在州或聯邦的層面都有電話補助計劃，以徹底實現「全民電話服務」（universal telephone service）的理想。這種理想在世界各國電信事業民營化的潮流中尤爲重要，因爲市場開放往往並不一定帶來競爭；而企業追求利潤的結果，社會中不幸的一羣總是首當其衝。在電話、數據網路日益重要的情況下，如何落實「全民服務」的理想到資訊化的各個層面，已經成爲政策上重要的考量❶。

目前有關資訊結構的兩套指標，都是由日本學者所發展出來的。

資訊化指標（Johoka Index）

日本「電信及經濟研究所」（Research Institute of Telecommunications & Economics, RITE）爲了解日本資訊化的程度，並和其他國家比較而發展了這一套指標。指標的內容包括下列各項（Ito, 1981: 674）：

1.資訊數量

---

❶ 有關此一辯論的討論見《全民電話服務：迎接21世紀》（1991）資訊研究協會年度報告，特別是 H. S. Dordick, "Toward Universal Definition of Universal Service," pp. 109-139。

平均每人每年打電話的次數

每百人的報紙銷數

每千人出版的書籍數目

人口密度以測量人際溝通的頻繁程度

2. 傳播媒介的分佈

每百人電話數

每百戶家庭收音機數

每百戶家庭電視機數

3. 資訊活動品質

服務業人口佔總人口百分比

學生人口佔同年齡人口百分比

4. 資訊比率

資訊支出佔家庭總支出比例

在上述各個項目的統計數字當中，唯一較具爭議性的是人口密度是否適宜代表人際溝通的頻繁度，以及最後一項資訊比率，前者的缺點在於人口密度與人際溝通之間的關係似乎並沒有理論的依據。後者，也即資訊比率雖然有理論依據，其計算的方式卻有商榷的餘地。

根據日本「電信及經濟研究所」的說法，資訊比率的構想來自恩格爾定律（Engel's Law）中的恩格爾比率。恩格爾認爲，當一般人的所得增加時，食品支出佔總收入的比例會下降，而高所得家庭在食品上的花費，也較低所得佔的比例小。這個比例在不同的社會、不同的文化也有不同。據此，電信及經濟研究所的研究員推出了以下的論點：當家庭所得增加時，在資訊及傳播產品與服務上的花費比例也會增加。這些資訊及傳播產品及服務包括書籍、電視、錄影機、電腦、傳眞機、電話以及使用這些設備的費用，如電話費、錄影帶租金，和藝文活動，例如聆聽演奏、觀賞表演、與教育方面的活動，如上電腦班等。和恩格爾比率

一樣，資訊比率在不同的社會也會不同。

　　由於一般有關家庭開支的調查資料並沒有如此細瑣的項目，電信及經濟研究所決定採取負面計算的方式，也就是將家庭開支當中明顯與傳播及資訊無關的項目，包括食品、衣服等排除，假定剩下的花費都與資訊及傳播有關。圖 3-1 就是根據電信及經濟研究所（RITE）的資料，所得到的十六國的資訊支出比例分佈。

圖 3-1　資訊支出比例與國民平均所得相關

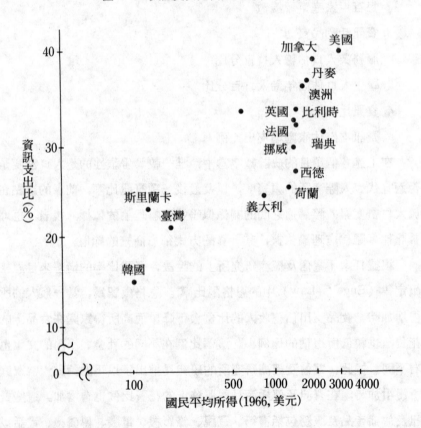

資料來源：RITE, 1968, 見Ito, 1981.

　　爲了比較不同國家的資訊指標係數，電信及經濟研究所的研究員以日本每一項指標的平均係數爲分子， 其他國家的爲分母， 結果再乘以100， 就得到圖 3-2 中，日本、美國、英國、法國與前西德 (Ito, 1981:679) 的比較。由資料中我們可以看到美國很明顯地在各項指標已領先各國，而日本正在快速追趕，在一九五八到一九六三年間超越了法國與西德，但是仍然落在英國之後。然而到了一九六八年日本應已超越英國，僅僅落後美國。

圖 3-2　五個工業國家的資訊指標

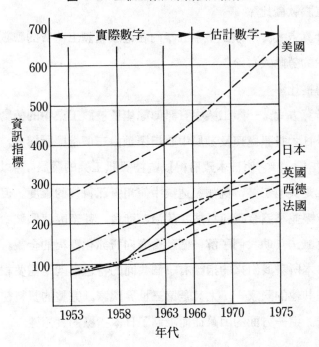

資料來源: Research Institute of Telecommunications and Economics
(1970), p. 63.

日本資訊處理及發展中心指標（The JIPDEC Index）

日本資訊處理及發展中心（Japan Information Processing and Development Center, JIPDEC）指標是一九八六年由 JIPDEC 發展的指標，最大的特色在於它將資訊化與經濟因素直接聯結在一起。這一個包含三個不同層面的指標是由下列項目所組成的（JIPDEC, 1988）：

1. 電腦硬體比率

   計算方式：一類工業中電腦設備的總值被該工業中的勞動人口除

2. 電腦軟體比率

   計算方式：一類工業中五年內在電腦軟體上花費的總數被該工業中的勞動人口除

3. 傳播比率

   計算方式：一類工業中資訊傳輸能量被該工業中的勞動人口除

由於日本資訊處理及發展中心指標是由三個指標所構成，因此也簡稱為 I³ 指標。它使日本政府得以監控資訊工業的發展，以及資訊密度，也就是其他工業，例如製造業中使用資訊科技的程度。但是很明顯地，I³ 指標並不適合資訊科技在政治、社會，甚至經濟領域中使用的情況，它也無法幫助我們了解一個社會邁向資訊化歷程的全貌。

由日本所發展出來的指標有一個共同的特色，就是需要相當完整的資料。在其他的國家——尤其是第三世界國家，完整的資料往往是可遇而不可求。這一方面的困難從而限制了日本指標的實用性。

二、經濟指標

到目前為止，兩種方法經常被用來測量資訊社會的經濟規模：（1）資訊勞動人口佔總勞動人口的比例；及（2）資訊業對國內生產毛額

(Gross Domestic Product, GDP) 的貢獻。

　　在經濟學的領域，庫斯涅茲 (Simon Kusnetz) 是第一個根據產業類別來研究勞動人口的學者 (Kusnetz, 1957)。他將勞動人口歸成第一類產業（包括農、漁、礦業等），第二類產業（製造業），及第三類產業（服務業）。在服務業中包含了在財務金融、貿易、交通、傳播、房地產、個人服務、商業、專業以及政府工作的人。庫斯涅茲認爲我們對第三類產業的了解十分有限；而把「生產與傳佈知識，以及政治及社會的決策者」並不奇怪，因爲這些活動的規模都不大，重複性高，而可靠的資料並不易得到 (Kusnetz, 1966)。

　　在一九六〇年代初期，經濟及社會學者開始構想勞動人口的第四級產業，在這一級產業當中的勞動人口都從事知識及資訊相關的工作。在一九六三年出版的一篇文章中，梅棹忠夫預測下一階段的工業成長將會由物質的生產進展到「精神上的生產」(Spiritual Production)，而一種「精神工業」也會隨之出現 (Ito, 1981:672)。在梅棹忠夫的比擬之下，精神工業與最高等動物──人類生理上的控制功能相倣；經由資訊、大眾傳播、電信、教育、文化以及其它與資訊相關的活動，可以對創意及精神上的成長作出貢獻。梅棹忠夫特別引用了「資訊工業」一詞來形容這些精神工業 (Ito, 1981, 1989)。梅棹忠夫的論點隨後在日本引發了熱烈的討論。

資訊工業抑或知識工業？

　　在梅棹忠夫提出資訊工業看法的差不多同一時刻 ，在地球的另一端，普林斯頓大學的一位教授馬可洛普作了一個大膽的嘗試，測量原本是「不可測量」的知識。馬可洛普的動機起於美國政府在教育、傳播等活動上的經費日益增加。而無獨有偶地，同樣的現象也在工業界出現，既然這些活動並不能生產任何有形的、可出售的產品，則投資的目的又

是什麼呢？爲了解政府及業界在這方面投資的規模及變化趨勢，以及其對於經濟發展的關係，馬可洛普設計了一套測量所謂「知識工業」的辦法。

對馬可洛普而言，「知識」是「任何人知道的事情」，而「生產知識」則是「人學習到以前所不知道的事情的活動（Machlup, 1962: 7）」。根據上述定義，馬可洛普訂出五類生產知識的活動：教育、研究與發展、媒介與傳播、資訊機器與資訊服務。此外，他嘗試經由計算從事生產知識工作人口的數目來測量知識工業的大小。

根據美國人口普查的資料，馬可洛普使用了五個職業的類別以爲測量的依據，專業與技術工人、經理、官員與產業所有人、行政人員、售貨員、以及印刷業的技工與領班（Machlup, 1962: 384）。每一個類別之內，馬可洛普都將生產、與不生產知識的工作區分。在他的分類中，馬可洛普刻意排除了使用知識的行業，以及任何與知識傳遞的服務或傳播無關的工作。

經由以上的分類，馬可洛普成功地展現出國民生產毛額（Gross National Product, GNP）中知識工業比率日益增高，而知識業的勞動人口也持續成長。表 3-1 第一行即是馬可洛普所列的知識工業種類。他根據一九五八年的資料測量出知識業的產值約佔美國國家總產值的 29％，而一九五九年中知識業勞動人口約佔總勞動人口的31％。日本學者使用類似馬可洛普的測量法，發現一九六〇年日本知識業的產值約佔其國家總產值的29.5％，而知識業勞動人口則佔其總勞動人口的21.3％。

在提出資訊工業的構想時，梅棹忠夫所關心的不只是資訊以及知識的關係；他同時預言了文化以及行爲上重要的轉變。相比之下，馬可洛普所重視的範圍比較狹窄，他只對知識業對經濟成長的貢獻有興趣。然而不可否認地，兩人的看法也有相通之處；他們都認爲教育、傳播以及資訊的生產與傳佈等活動將日益重要。

表 3-1　美國知識工業的兩個觀點

工業分支	馬可洛普	政府（波拉特等人）
教 育		
在家	×	
在職	×	
在教會	×	
在軍隊	×	
基礎與次級教育	×	×
高等教育	×	×
商事教育	×	×
聯邦經費	×	×
公立圖書館	×	×
隱含的教育經費		
學生的預期薪資	×	
房租	×	
傳播媒介		
印刷與出版	×	×
攝影與留聲機製造法	×	×
舞臺、講臺與螢幕	×	×
收音機與電視機	×	×
其他廣告	×	×
電子傳播	×	×
會議	×	
資訊機械裝置		
印刷業	×	×
造紙工業		×
樂器	×	
電影設備	×	×
電話與電報	×	×
信號服務	×	×
測量與控制工具	×	×
打字機	×	×
電腦	×	×

各種辦公室機器	×	×
半導體		×
地下電車		×
其他電子設備		×
油墨		×
攝影設備與必需品	×	×
資訊服務		
法律的	×	×
工程業與建築業	×	×
會計與稽查	×	×
醫界	×	×
保全業	×	×
保險仲介	×	×
房屋仲介	×	×
批發仲介	×	
零售「資訊」商店		×
政府活動	×	×
其他資訊活動		
研究與發展	×	×
資訊建構		
建造業		×
非營利活動	×	×

摘自魯賓（Rubin）與賀伯 （Huber）之《美國知識工業》，1960-1980（pp. 8-9)，以及馬可洛普（Machlup）之《美國知識生產與分布》(*The Production and Distribution of Knowledge in the United States*)，1972,（p. 361）。

　　另方面，貝爾在他對知識業的分析中，採取了更為社會學走向的觀點；也是更為狹義的看法。他認為知識業應該只包括研究工作、高等教育以及知識的生產（Bell, 1973: 213）。他認為如果在知識業的「傳播媒介」一項內又加入商業印刷、文具及辦公室用品，則不但會導致錯誤的結果，並且會嚴重影響到國家經濟成長的預估，而上述的分類卻正是馬可洛普所採用的分類方法。

　　貝爾認爲，與其指明何種工作屬於「知識工作」，不如只將兩類職業包括進來: 科學家與工程師，並且明確指出他們所屬的經濟產業類別 (Bell, 1973: 224)。根據這樣的定義， 貝爾對知識勞動人口的估計不但較馬可洛普少了許多，並且連帶的，知識業對國家產值的貢獻也小了許多。

　　貝爾與馬可洛普的共同點是，兩人都強調知識對經濟，以及社會的重要性，也都針對如何長期觀察資訊或知識業勞動力的變化，及其對國家總產值的貢獻提出了具體可行的方案。但是究竟如何藉由產業分析以發展出一套更爲精確，並且可以適用在不同發展階段國家的方法，則是經濟及社會科學家所面臨的挑戰。

　　一九七七年， 史丹福大學一位博士班學生波拉特 (Porat) 與馬可洛普的同事魯賓 (Rubin) 將美國的資訊經濟作了一個詳盡的量化研究 (Porat & Rubin, 1977)。他們將貝爾對知識業的定義擴張解釋，加入了「支援資訊生產及傳佈的工作及事業」(Porat & Rubin, 1977: 5)。他們相信將資訊活動的所得納入計算會是更好的計算方式，因爲這樣不但可以更精確地反映資訊經濟產出的財富，也可以將其對國民生產總值的貢獻作更合理的估算 (Porat & Rubin, 1977: 47)。相較之下，馬可洛普僅僅計算產品售價的方式，並不週全。

　　波拉特及魯賓所使用的類目不但比貝爾的更加週詳，同時也顧及了馬可洛普所忽略的部分，例如辦公室大樓、學校房舍以及媒介建築物的營造、維修，以及內部裝修與設備的供應 (Porat & Rubin, 1977: 57)。他們認爲這些活動也許與資訊生產沒有直接的關聯，但是對於資訊產品或服務的價值不可謂沒有貢獻，因此必須包括在內。

　　波拉特與魯賓的研究更進一步區分了所謂初級 (primary) 與次級 (secondary) 資訊產業， 由於他們發現對這兩級資訊產業很難以提出週全的定義，因此只有以「舉例說明」的方式來解釋兩者的差別。波拉

特在《資訊經濟》一書中寫道：

「……所有資訊服務市場最終的產品都是知識。一個資訊市場能使消費者知道他們以前所不知道的事情； 象徵經驗（symbolic experience）； 學習或再學習某事； 改變一個看法或認知； 減低不確定性； 評估決定； 掌控過程； 拓展選擇的機會； 傳佈理念、事實或意見。」
(Porat & Rubin, 1977: 22)

表 3-2 列舉了他們對初級資訊產業的分類：

表 3-2 *初級資訊產業的分類*

知識生產與發明產業
    研究發展與發明產業
    私人資訊服務
資訊分布與傳播產業
    教育
    公共資訊服務
    受管制的傳播媒介
    不受管制的傳播媒介
危險管理
    保險業
    財政業
    投機經紀
研究與協調產業
    研究與非投機經紀產業
    廣告產業
    非市場對等機構
資訊處理與運輸服務
    非電子處理
    電子處理
    電子傳播基本設施
資訊貨物產業

非電子消耗或中間貨物

非電子投資貨物

電子消耗或中間貨物

電子投資貨物

選擇政府活動

聯邦政府之初級資訊服務

郵政服務

州郡與地方教育

支援設備

資訊結構構造與租金總額

辦公室傢俱

來源: 波拉特與魯賓之《資訊經濟》 (*The Information Economy*) ,1977,
(p. 23)。

　　波拉特與魯賓要區分初級與次級資訊產業的主要原因之一,是並非所有的資訊服務與產品都以市場爲最終的目的;其中有許多是過渡型的產品與服務,在爲初級資訊產業而製造產品或提供服務的過程中產生。另外有不少資訊服務與產品甚至是在與資訊業無關的組織機構中提供內部消費用的。在臺灣,登記出版的刊物常達兩、三千種,其中有許多都是市面已看不見的各公民營機構的內部刊物。此外,衛星遙感資料常被漁民用來判斷魚羣的游向以增加漁獲量,而工廠自動化所必需的電腦設備與機器人也屬於波拉特及魯賓所定義的第二級資訊產業。衛星所收集的資訊雖然可以稱之爲一種資訊活動、而電腦與機器人也屬於資訊硬體,它的使用者卻與資訊業毫不相干。其他被列入二級資訊產業的還包括一個機構爲了生產產品或提供服務而在內部從事的資訊活動,例如產品的研究與發展。

　　波拉特與魯賓同時也提到一些「類似」資訊活動的活動,例如政府機構中行政事務的處理。他們認爲,官僚體系所產出的資訊雖然不在市場上出售,但是在本質上政府機構的活動也可視爲是一種資訊活動,與

一般生產、傳佈以及消費資訊活動無異。唯一的不同，是整個過程都在組織機構內進行。根據他們的觀察，美國聯邦政府本身便是一個資訊產業；它的活動包括印刷與出版、電信傳播、研究發展、教育訓練及其他。除此之外，還有相當於二級資訊產業的部分，例如政策的訂定與辦公室管理。我們可以由表 3-3 看出聯邦政府與州、以及地方政府的資訊活動有相當程度的雷同；而與民營企業的不同，只在於二級資訊活動的產出（如政策的制訂）。波拉特與魯賓認爲，當一個社會依賴科技的程度愈深，這種特色也愈凸顯。

表 3-3 *二級資訊產業資訊輸出之部分目錄*

私人部門

印刷與出版

電話與電報傳播

銀行業

信託業

保險業與保險經紀

房地產仲介、經紀、管理

廣告代理

教育

圖書館服務

法律服務

資料處理

政府部門

上述諸項再加上：

政治計畫

市場資訊活動

一般經營與管理

民間科層組織

軍方科層組織

摘自：波拉特（Porat）與魯賓（Rubin）之《資訊經濟》（*The Information Economy*），1977,（pp. 134-185）。

　　由表面看，二級資訊與一級資訊產業幾乎沒有任何差別; 唯一的不同，是二級資訊產業的產生不會在市場上販賣。然而在美國，近年來創減各級政府支出的壓力，已經隨著預算赤字的擴大而愈發沉重，因此以往只有在政府內部才可以取得的資訊，例如政府各部門的業務報告、人口普查資料、研究與發展文獻及政策法規等資料，現在也開始對外發行。在臺灣，資訊的「可販賣性」已隨著徵信社的業務擴張而提高，此外，隨著民主化程度的提昇，也必然會有越來越多的政府資料進入資訊市場。另一方面，為了節省經費，中小型企業也可能選擇委託有信譽的會計事務所處理會計或資料，而不自行聘僱會計人員。由於這種交易有一級資訊產業的特質，其勞動人口也被歸入一級資訊產業計算。

　　由定義上看，波拉特與魯賓所稱的一級資訊產業與馬可洛普的知識工業並沒有什麼不同。但正如我們由上述例子中所看到的，並不是所有的資訊活動都在市場上進行，而資訊活動的結果也往往與資訊本身並無關係，這是馬可洛普當初在嘗試測量知識工業時所沒有考慮到的。此外波拉特、魯賓和馬可洛普對資訊工業與資訊相關職業的關聯性也有不同的看法。馬可洛普堅持必須區分兩者，以免將「對資訊產業之外的工業所提供的資訊與資訊產業內的工業產出相混淆」(Machlup, 1962: 240)。

　　在表 3-4 中，我們比較了馬可洛普、貝爾、波拉特與魯賓對資訊工業與資訊活動的定義，並且也列出經濟合作及開發組織 (OECD) 在分析資訊社會資料時所引用的類目。

　　波拉特與馬可洛普雖然都希望測出資訊產業對國家生產毛額的貢獻，以及勞動人口變動的情況，兩人所使用的資料卻不一樣。波拉特使用的是美國商業部的國民所得紀錄 (National Income Accounts)。這份資料將每一種行業予以編號，而波拉特就用這些編號來定義資訊工作; 他與魯賓主觀地將每一類工作所包含的「資訊成分」以百分比定

表 3-4　資訊職業分類比較

馬可洛普	貝爾	波拉特與魯賓	OECD
教育	高等教育	知識生產與發明產業	知識生產
研究與發展	研究與發展	資訊分布與傳播產業	研究、協調與危險管理產業
傳播媒介	如智慧財產之知識生產	危險管理	資訊分布與傳播產業
資訊機械裝置		研究與協調產業	消耗與中間貨物
資訊服務		資訊處理與運輸服務	投資貨物
		資訊產品產業	
		選擇政府活動	
		資訊產業之支援設備	

來源: 馬可洛普之《美國知識生產與分布》, 1962(p. 361)。

出來, 例如一位內科醫生的工作, 在他們的判斷下就有80％是與資訊相關的, 相對之下, 牙科醫生的工作中, 卻有80％是與資訊無關的。

　　馬可洛普雖然將國家收入分類重新組合, 但是他並沒有將資訊產業一分為二; 我們可以由表 3-1 及 3-4 中看出, 雖然馬可洛普與波拉特、魯賓的研究在大類目上頗為一致, 在工作定義上卻有顯著的不同。波拉特與魯賓的研究中幾乎囊括了較馬可洛普多出一倍的職業類目。

　　在馬可洛普與波拉特／魯賓的早期研究之後, 不斷有社會科學家嘗試定義資訊社會與知識工業; 不少其他國家也希望了解其本國資訊與知識工業的成長狀況。一項由馬可洛普承攬、管理、並且使用與其早期研究同樣方法的一項研究卻沒有來得及在馬可洛普生前完成 (Rubin & Huber, 1986)。這也是唯一一個使用原始馬可洛普方法的後續研究。其他的, 大多使用了波拉特／魯賓的「改良版」[2]。

---

[2]　這些研究包括: Barnes and Lamberton, 1976; Lange and Rempp, 1977; Wall, 1977。

　　有鑑於資訊業在其會員國中的地位日益重要，經濟合作及開發組織在一九八〇年代初也針對資訊產業的勞動人口、投資額、消費額、貿易額與市場結構設計了一套週詳的測量工具。與其重頭開始，經合組織的資訊電腦與傳播政策委員會（Committee for Information、Computer and Communication Policy）借用了波拉特的測量方法──不過作了一點修改：將市場調查、專責協調人員與資訊機器工人合併爲一類，稱之爲資訊結構職業（Information Infrastructure Occupations）。

　　在對各國統計資料作了週詳的比對、整理之後，資訊、電腦與傳播政策委員會得到了十三個會員國在資訊勞動人口的資料，包括總人數、佔全勞動人口的比率，以及佔國內生產毛額的百分比。研究發現，在一九八〇到一九九〇的十年間，資訊產業持續成長，而農業及工業逐漸萎縮。在同一時期，服務業雖然也持續成長，卻有不同的變化。一九六〇到一九七〇年間是主要工業國家資訊勞動人口增加百分比最高的時期；例如美國增加了4.4%、日本7.5%、德國7%、加拿大6%、法國與英國4%左右。到了一九七〇到一九七五年間，成長的速度開始趨緩；就以資訊勞動人口增加百分比最多的日本，也不過成長 4.2%，其次是法國的4%，美國只成長了1‰，而英國幾乎是停滯的狀態。在同一時期，工業國家的農業與工業勞動人口繼續下降。唯一的例外日本不但農業、工業的勞動人口增加，資訊業與服務業的勞動人口也穩定成長。

　　經濟合作及開發組織的報告是第一個嘗試比較、分析各國資訊產業狀況的研究成果，只是它所研究的對象全是高度發展的工業國家，而且除了日本之外，全是西方國家。有鑑於此，往後進行的研究開始將焦點轉移到發展中國家，以及歐美之外的地區。哲薩瓦拉(M. Jussawalla)、蘭伯頓（D. M. Lamberton）及卡魯那拉特尼 (N. Karunaratne) 三人便針對七個太平洋地區國家的初級、與次級資訊產業作了一項比較分析，這七個國家包括：斐濟（Fiji）、紐西蘭、新幾內亞（Papua New

表 3-5　六個開發中國家勞動力的改變（百分比）

	1960	1970	1980
資訊			
巴西	12.0	12.2	—
埃及	8.0	12.4	18.6
印度	4.4	6.6	7.6
南韓	6.3	10.1	14.6
菲律賓	5.8	10.5	10.8
委內瑞拉	14.1	21.3	25.6
服務			
巴西	16.2	24.5	—
埃及	20.8	17.6	19.2
印度	7.6	8.4	8.7
南韓	17.4	18.7	25.4
菲律賓	14.6	19.4	22.0
委內瑞拉	30.4	31.9	34.9
產業			
巴西	15.9	17.4	—
埃及	16.5	18.5	21.4
印度	14.9	12.6	14.4
南韓	10.1	20.1	26.0
菲律賓	13.5	15.2	15.2
委內瑞拉	21.4	23.5	25.0
農業			
巴西	55.8	46.0	—
埃及	54.7	51.4	40.7
印度	73.1	72.4	69.3
南韓	66.2	51.1	34.0
菲律賓	66.1	54.9	52.1
委內瑞拉	34.1	23.4	14.5

來源: 卡茲（Katz）之《解釋開發中國家資訊產業之成長》（*Explaining Information Sector Growth in Developing Countries*），1986，（pp. 209-228）。

Guinea) 、菲律賓、馬來西亞、新加坡以及泰國 。 為了解資訊產業對
經濟成長的貢獻 , 哲薩瓦拉等人利用各國輸入輸出表 (input-output
table) 的資料,分析資訊產業與其他產業的相互關係。他們發現開發中
國家的資訊業勞動人口佔全勞動人口的比率確實較工業國家小、然而在
發展的過程中 , 資訊業仍然具有刺激成長的功效 (Jussawalla, Lam-
berton & Karunaratne, 1988) 。

　　哲薩瓦拉之外 , 維卓 (Vitro) 也詳細分析了拉丁美洲國家委內瑞
拉 (Venezuela) 的資訊產業 。 他採用經濟合作及開發組織的方法 , 發
現委內瑞拉的資訊業勞動 人口在一九七八 年達到了總勞動人口的 26.3
% , 而資訊業佔國 內生 產毛額的比例 , 也有五分 之一左右 (Vitro,
1984) 。

　　上述研究雖然得到可貴的結果,然而受到資料來源的限制,他們所
使用的方法並不允許大規模跨時空的比較分析。為了打破來源的限制,
一位麻省理工學院的教授卡茲 (Raul L. Katz) 決定採用國際勞工聯
盟 (International Labour Union) 所出版的年鑑 (*International
Labour Statistics*) 資料,進行比較分析。他參考了國際經濟及開發組
織對資訊相關職業的定義之後,將勞工統計年鑑上所列的三類職業,包
括: (1) 專業、技術與相關職業,(2) 行政、主管與經理,以及(3) 文
書處理 (clerical) 等列入資訊業計算 。 這種對資訊相關職業定義最大
的缺點,是因為無法區分已成一類的交通與傳播,而不得不將所有傳播
事業工作列入服務業。除此之外,卡茲的分類與國際經濟及開發組織使
用的職業類目並沒有太大的出入 (Katz, 1988: 141-143) 。

　　卡茲針對美、澳、英、德四個工業國家的跨年代分析結果,再次證
實了資訊產業持續擴展的趨勢,但是他發現各個國家到達巔峯期的時間
並不完全一致,而巔峯期來臨的早晚,又與工業化的速度相關。例如近
年來英國與美國資訊產業成長遲滯,而這兩個國家,尤其是英國,也是

表 3-6　開發中國家及已開發國家之資訊勞動人口佔總勞動人
口百分比　　　　　　　　　　　　　　　　(1980)

資訊勞動人口佔總勞動人口之百分比	開 發 中 國 家	已開發國家	頻 率 分 配	
			國家數	佔總樣本百分比
40%或以上	百慕達	美國	2	5
30%到39.9%	哥斯達黎加、新加坡、千里達－托貝哥	澳洲、德國	5	13
20%到29.9%	阿根廷、巴林、巴貝多、智利、塞浦路斯、香港、約旦、科威特、巴拿馬、委內瑞拉、阿爾及利亞、墨西哥		12	31
10%到19.9%	埃及、薩爾瓦多、韓國、菲律賓、斯里蘭卡、敍利亞、突尼西亞、葡萄牙、塞席爾、蓋亞那、伊朗		11	28
9.9%或以下	喀麥隆、哥倫比亞、巴基斯坦、泰國、馬利、印尼、尼泊爾、瓜地馬拉、印度		9	23
總　　　計			39	100

來源: 卡茲之《資訊社會》, 1988.

最早開始工業化的國家之一。

在開發中國家方面, 卡茲觀察到一個頗爲有趣的現象。固然大多數
第三世界國家的資訊業勞動人口比例較工業國家爲低, 但是也有少數情

況特殊的例子，如表 3-6 中所列，百慕達雖然只是北美洲的一個小島國，但是資訊勞動人口卻高達總勞動人口的 40%以上，其他在 30%到39.9%之間的也有哥斯達黎加、千里達─托貝哥及新加坡。分析這些國家的背景，我們可以發現新加坡是島嶼小國，而且對外貿易相當發達，然而其他國家非但經濟情況不佳、貿易也不發達，與新加坡並無太多共同之處（Katz, 1988: 19）。

除了上述國家之外，第三世界國家在資訊勞動人口的百分比上也仍然有相當大的差異。卡茲認爲，這個現象證實每個國家的資訊業，無論工業先進國家或發展中國家，都有其獨特的成長模式。而資訊勞動人口百分比在某些貧窮國家中特別高，很可能是因爲政府過於膨脹與人才過剩的結果。在這種情況下資訊業勞動人口的比例雖然很高，資訊業的產值卻不見得高，而它在國民生產毛額所佔的百分比也不會高。換句話說，我們並不見得能夠由資訊人口所佔的百分比，推斷一個國家是貧窮、抑或富有。例如在一九八七年，千里達與前西德資訊業勞動人口佔總勞動人口的百分比，同樣在32%到33%之間，但是千里達的國民平均生產毛額不過是 5,000 美元，而西德已經達到 14,000 美元，幾乎是千里達的 3 倍。此外，澳洲與巴拿馬的資訊業勞動人口也在一九八七年達到 28% 到 30% 之間，但是巴拿馬的國民平均生產毛額不過 2,000 美元，澳洲卻有 10,000 美元。

卡茲對於第三世界國家中資訊業勞動人口比例膨脹的解釋，在埃及得到了最佳的例證。根據國際勞工統計的資料，一九八一年埃及政府的僱員佔據全部勞動人口的一半以上（54.4%）。和一九六〇年的數字相比，雖然政府人員數額的成長不如資訊工業勞動人口成長快速，毋庸置疑地，政府仍是資訊產業中最大的僱主。相較之下，韓國政府員工佔資訊勞動人口的比例，由一九六〇年的48.9%降到一九八一年的21.0%，足足減少了一半有餘，而兩個國家在經濟發展的速度上，也有顯著的差

異。經過進一步分析，卡茲發現政府員工數目與國家生產毛額之間並沒有顯著的關係，但是和工業相關的資訊業人口的數目，卻與國家生產毛額有顯著的關聯。

資訊流通 (Information Flow)

在馬可洛普、貝爾等人的帶領之下，如何更精確地測量資訊勞動人口成為許多學者努力的目標。相對之下，夏農 (Shannon, 1949) 雖然設計了一個可以精確測量資訊，以方便工程師設計傳播（硬體）系統❸致力研究資訊傳佈、流通的學者就少了很多。然而我們討論資訊化，卻又不能不顧及到這一個層面的發展。

一九六九年，一個稱為「日本資訊研究小組」的團體開始嘗試測量資訊流通 (Ito, 1981:680)。在這個小組的研究當中，「資訊」並不僅只是印刷品；它包括符號、密碼、影像、以及任何對訊息接收者有意義的影像。再者，資訊必須經由發出的一方有意識地傳到接收者。上述定義因此排除了不需人類介入的傳播活動，例如電腦與電腦之間透過軟體指令而進行的資訊傳送。

在設計測量方法的過程當中，研究小組所遭遇的最大挑戰，也是迄今最為人質疑的難題，便是應該用什麼作為測量資訊的單位。經過反覆討論與試驗，小組決定採用「字」為單位。為了精確地計算出不同形式資訊的「字」數，他們設計了一套詳細的換算方式 (Ito, 1981:684)：

	每單位字數
一分鐘黑白電視	920字
一分鐘彩色電視	1,320字

---

❸ 此處我們指的是 Shannon 與 Weaver 對資訊概念的詮釋，也就是視資訊為不確定性的減低。可參考 C. Shannon and W. Weaver (1949), *The Mathematical Theory of Communications*。

一分鐘教學	1,320字
一分鐘音樂帶／電話	120字
私人傳眞信息	80字

根據發展這套換算率的美添泰人（Yoshizoe）說，一個媒介所傳佈的資訊量可以依該媒介傳送資訊的單位價格計算，就和數學理論中計算頻道容量的原理一樣（Yoshizoe, 1986: 58-82）。

除此之外，日本資訊研究小組並且設計了一套相當複雜的、測量資訊流通量的公式（Ito, 1981）：

1. 資訊供應量

即是經由不同來源，透過媒介、表演、或教學所傳佈的資訊量。爲了適切反映大眾傳播媒介的本質，流通量的估算是將閱聽人的數目，例如電視機數，與資訊內容的字數相乘。

2. 資訊消費量

即是閱聽人消費的資訊量。假如一個家庭一天看 3 小時電視，則看電視所消費的資訊量是237,600字（180分鐘×1,320字／每分鐘）。

3. 資訊花費

即是傳送資訊的花費。計算的方式是將生產資訊的花費由資訊提供者全部的花費中減除（如估算教育的資訊成本應將教師薪資納入）

4. 資訊流通距離

即是資訊傳送的距離。計算方式是將資訊傳送者與消費者之間的距離乘以消費的資訊字數。

由於上述資訊流通公式計算繁複，到目前爲止除了美國方面有普爾（Ithiel de Sola Pool）等人作過一次比較研究（Pool, Inose, Takasaki & Hurwitz, 1984），還沒有其他的國家作過類似的嘗試。民國七十八年，政治大學的幾位教授，包括鍾蔚文、李文雄與汪琪，曾經受資訊工業策進委員會委託，研究在臺灣進行類似性質資訊化指標測量的可

行性。但是在初步的探討之後，資策會並未實地進行大規模資料收集的
工作。

三、上述測量工具真能測量資訊社會嗎？

在這一章我們介紹了三十多年來社會科學家嘗試測量資訊社會的文
獻。這些測量工具主要的目的不外乎將資訊社會的各個重要面向予以量
化，以便我們可以了解一個國家在這方面的進展。但是這些測量工具是
否眞正能夠幫助我們得到我們所需要的答案？它們所測量的現象，又是
否反映了資訊社會中最關鍵的部分？ 測量工具的使用， 有沒有任何的
困難足以損害到它的信度與效度？這些問題都是我們在接受測量成果之
前，必須先考量到的。

價值的問題

馬可洛普最初嘗試測量知識工業的時候，並沒有充分了解到其間的
困難之處。由於「知識」本身就不是一種有形的物質，在現實狀況中我
們也不容易確定究竟什麼是知識工業的產品，它的生產力如何；市場上
也沒有一套計算價格的標準（Machlup, 1962:44）。即使我們把資訊當
成一種財貨，它也不似其它的消費品一樣，被人買去使用之後，就無法
再爲別人所享用。相反的，一個人在得到了某種資訊之後，該資訊的價
值並不會因爲已經被某人得到而減損。以電視機而言，一臺電視在賣給
甲使用之後，乙便不可能再以同樣的價格去購買那一臺電視，因爲電視
的價值已經在被使用之後折損。然而如果甲新近學會了一個預防感冒的
方法，這個方法的價值並不會因爲甲已經知道而降低，也不會因爲甲已
經知道，而使別人無法知道。

再者，我們也很難斷定知識與其他財貨的差別；例如經由研究發展

之後所生產的電腦與晶片固然可以定出市場價格，可是製作這些產品所必需的知識──也即研究發展，又如何訂定價值呢？尤其困難的，是在個人、機構內部門，或機構的層面確定知識的價格。

馬可洛普也了解到測量知識必須考慮到各種不同形式的知識。例如有的知識是「實用性知識」，可以增進工廠、或者辦公室的生產力，或提昇生活品質。但是也有的知識並不具有實用價值，只能增加見聞，或娛情養性、修養身心。有許多知識雖然免費提供，卻還沒有人要，但也有的知識得花很高的價錢才能買到。要研究知識，我們不能不注意到它的許多不同面貌，因為這些不同面貌的知識往往是相輔相生、互為表裡的（Machlup, 1962:6）。但是由另一方面看，如果我們要將知識看成是一種可以測量的東西，則又不能不將所有的知識一視同仁。否則不同的知識又怎能用單一的計算方式去衡量呢？

一視同仁的結果，卻會出現一些荒謬的現象。一國的憲法將和三十秒的電視廣告「必須」相提並論；而就資訊量的觀點看，愛因斯坦的相對論可能還不及一分鐘的流行音樂。此外，許多資訊被應用在提昇人民生活品質，卻不直接有助於經濟成長。相對地，有的「資訊」，例如如何自製炸彈，還可能有嚴重的負作用。由此，我們不難了解由單純「計數」式的測量中，並不能推測是否增田米二等學者所預言的、烏托邦式的資訊社會是否會出現，除非我們另外再設計一種同時也能斷定資訊品質的方法，而事實上這完全是不可能辦到的。

上述測量方法的另一個缺點是資訊職業的分類方法並不完善，無論是馬可洛普、波拉特與魯賓，或是往後經濟合作及開發組織所使用的資訊職業類目裡，都將生產或使用資訊機器的工作列入，使得大學教授、電視綜藝節目主持人與裝釘書籍的工人同樣成為「資訊勞動人口」中的一分子。固然，我們不能否認裝釘是生產書籍的必經程序，而即使是最聰明的電腦也還不會自動「走」到買主那裡去，必須經過工人的包裝與

運送。但是這些工作的性質和所需要的技術層次與被列入農業、或工業類的那些職業並沒有什麼不同。波拉特將資訊業的週邊設施也納入資訊業計算的作法，更令人啟疑。根據波拉特的說法，任何涉及資訊生產、處理與傳佈的任何事物都應該算是資訊工業的一部分。由於資訊業的運作確實需要例如建築物、傢俱、辦公室用品以及清潔工具，這些都納入計算，則同樣也是資訊業運作所需的水、電、空氣調節等等事業是否也應該算呢？這些都是令人混淆的地方。

此外，在許多國家，職業的區分也許並不是一清二楚的。舉例來說，傭工屬於服務業、水電修理工人是工業、而教師是資訊業。然而我們都知道在「學徒制」的定義中，學徒是學生，然而也是傭工，得替師傅掃地、煮飯、甚至看孩子；而在紐西蘭鄉下的地方，代課教師也可能兼作水電工人。如果職業的類別都不易區分，我們又怎能武斷地判定某一種行業的「資訊成分」，例如波拉特所主張的？一位大醫院的內科醫生可能必需不斷求取新知，因此工作中「資訊成分」較高，但是身處小鎮或偏僻地區的醫生不但沒有辦法接觸到資訊，他可能也並不感覺需要參加研討會或進修，因為所有棘手的病人都送到城裡大醫院去了。

資訊工作的價值高低有別

要在今天競爭激烈的世界經濟體制中生存，一個國家中的勞動人口必須維持相當高的生產力。然而我們不能認定所有屬於資訊業的工作都能達到這個要求。在前面有關資訊勞動人口比例與經濟成長的討論中，我們已經了解到政府人員佔資訊勞動人口的百分比越高，可能表示冗員充斥的情形愈嚴重，而相對地，對國家生產毛額的貢獻也低。換言之，如果資訊社會的衡量標準只是資訊勞動人口佔總勞動人口的比例，則資訊社會並不能保證經濟必然成長，也不能保障生活品質必然會高。以美國為例，它的資訊勞動人口居世界數一數二的地位，然而資訊產業也不

過佔了一九八八年國民生產毛額的27.6%。農、漁、礦、建築、運輸、製造及水、電業佔了 40 %，剩下的 32.4 %是服務業的功勞 （U. S. Department of Commerce, 1991:432）。

根據上述討論，以目前一般使用的資訊勞動人口及資訊業的定義與分類，顯然有高估的傾向，但是如果我們將所有有關生產資訊機器的活動、以及未在市場交易的資訊排除在外，似乎又有低估的問題。究竟定義應該如何拿捏分寸，而與資訊業相關的職業又應該包括哪些項目已經成爲研究資訊化學者的最大挑戰。

跨國比較的難題

我們在前面提到，以統一單位測量資訊化最大的好處，是可以跨越時空比較不同時期、不同國家、或地區的資訊化程度與型態。然而和所有的跨國研究一樣，資訊化的測量工具也遭遇到「國情不同」、無法比較的情況。

因爲「國情不同」而產生的問題當中，有部分純粹是技術上的。例如每個國家對職業分類的方法不同，因而發生人口資料無法相比較的困難；此外，在一些行政體系不健全的國家，不但資料不確實，有時甚至付之闕如。就以最基本的人口資料而言，翻開最新的聯合國教科文組織資料，也不難發現有不少國家的資料竟是二、三十年前的。

技術性問題之外，就牽涉到較複雜的社會結構、或文化價值不同而產生的問題。前面提到，在有些國家一個人可能身兼數職，而在職業分類上，又都屬於不同產業的工作。至於每一種職業中資訊相關部分的比例，則不同的國家相差更爲懸殊，「一視同仁」可能導致與現實狀況距離相當大的結論。不同文字可以傳達的資訊量是否一致，也將永遠是一個爭論不休的問題。

在所有的資訊化指標當中，爭議較少的是由日本電信及經濟研究所

提出的資訊化指標，原因之一是指標中所需要的統計資料大多數是常見
易得的數據，即使是一國政府自己沒有留存，如國際電信聯盟、聯合國
教科文組織、國際經濟合作及發展組織與世界銀行等國際機構也會定期
收集，其中唯一比較棘手的是每一個家庭的資訊開支。由於例常的統計
數字中沒有這一項，所以只能由家庭的全部支出中，減去與資訊明顯無
關的部分，例如食、衣、水電、醫療等費用，而假定剩餘的即是資訊、
傳播、教育與文化活動的支出。這種「大膽假設」本身已有缺點，而收
集家庭開支資料的作風，也反映了相當濃厚的日本色彩。在日本，全國
的學校指定學童將某一天家中各項支出作詳細的報告。換了其他國家，
尤其是特別講究私密權的西方國家，這種作法勢必引起家長的抗議。這
方面困難因此也妨礙了情報指標在其他國家的應用。

如何使用指標才是關鍵

如果我們以嚴格的標準來審視上述資訊化指標，無疑地每一種指標
都有其缺點。在沒有更好選擇的情況之下，也許我們要面對的問題不是
是否要採用這些指標，而是如何去使用，以及如何詮釋結果。例如在前
面一節中我們提到跨國比較研究時所不能不注意到的一些問題。但即使
在同一個國家作長時期的觀察，觀察所得的趨勢究竟代表什麼意涵，也
仍然是值得我們深思的。

第四章　我們選擇的資訊化指標

直到目前為止，日本之外的大多數西方國家學者都以資訊產業的勞動人口比例作為資訊化最重要的指標。這項指標固然可以告訴我們一國勞動力配置的情況，卻不足以說明經濟以及社會發展的全貌。我們在上一章已經提到，有一些國家的資訊勞動人口比例雖然很高，資訊產業的生產力卻很低，而且國民生產毛額也很低❶。

最近幾年，不少學者提議將資訊指標的涵蓋範圍擴大，以便能更正確地反映社會變遷的各個面向。 例如新加坡南洋理工學院教授郭振羽❷便認為資訊化指標應該包括大眾傳播媒介──報紙、廣播與電視，以及電話的普及率，和社會指標，例如識字率。其他也有學者指出資訊產業對國民生產毛額的貢獻是另一重要領域❸。根據這些建議，我們在本書中所使用的指標涵蓋下列三個層面：

1. 資訊系統基本指標

　　每千人電話機數

　　每千人電視機數

　　每千人報紙銷數

　　每千人收音機數

　　在公共電話及電傳網路上的數據終端機數

---

❶　在此處可參考資料包括：Barnes and Lamberton, 1976; Jussawalla and Lamberton, 1982; Porat, 1977; Katz, 1988.

❷　見 Kuo, 1989，即第三章中 JIPDEC and RITE 測量。

❸　Oniki and Kuriyama, 1989.

2. 經濟指標

　　資訊業勞動人口佔總勞動人口比例

　　資訊產業對國內生產毛額的貢獻

　　資訊產業對製造業生產力的貢獻

3. 社會指標

　　識字率

　　大專學生人口佔同年齡人口的比例

以下我們逐一討論這些指標的重要性及意涵。

一、資訊系統基本指標

每千人電話機數

　　電話普及率近年來被視爲是經濟發展的重要因素之一❹。雖然過去這方面的研究有限，只能視爲初步的探討，但是其成果仍然有助於我們了解電話在國家發展中所可能扮演的角色：

　　1. 如果我們用國內生產毛額或能源消費作爲經濟發展的指標，則電話在已開發及開發中國家都有助長經濟發展的功能。

　　2. 以平均國內生產毛額（GDP/capita）爲經濟指標，則經濟成長不但助長能源消耗量，也助長電話普及率的成長。當我們將這一項發現與前項比較，便會了解因果關係並不容易確立；也即是說，電話與經濟成長是相輔相成的現象，我們很難斷定是經濟成長提昇了電話普及率，還是電話普及率造就了經濟成長。

　　3. 企業界電話普及率的成長固然重要，卻沒有證據顯示唯有它對經濟成長有貢獻。

❹　Hardy, 1983.

4.經濟成長確實有助於家庭電話普及率的提昇。很明顯地，當一般人收入較爲充裕時，他們自然會考慮裝設電話。在一些國家，低收入者還可以利用各種補助項目來減低使用電話的花費❺。

5.電話這種互動式的傳播工具比只能單向傳播信息的大眾傳播媒介更能刺激經濟成長。

6.電話對經濟成長的貢獻，在已開發國家不如開發中國家大，顯示它在國家發展中的重要性。

除了上述研究成果之外，最近歐美有關一般人使用電話行爲的調查發現，單純爲聯絡感情而打的電話，其重要性並不下於爲「正事」所打的電話❻。電話被用來傳播消息、聊天或消除寂寞感；也有不少人在電話上談論政治。在如以色列、蘇聯（共黨時期）及中國大陸等國家，政府都曾經實施過「電話配額」，以確保政府及軍方能比一般人更早用到電話。

每千人電視機數

另一個有關電視的指標是一國的電視機數目。我們之所以捨電視臺數而就電視機普及率，是因爲頻道屬有限自然資源，因此在任何國家，電視臺的數目都不會有太大的出入，何況科技的發展，使得影視節目的來源由地面走上太空（衛星頻道），由無線（微波）而有線，無線電視臺也已經失去了壟斷市場的優勢。

在有關傳播與國家發展的早期研究當中，勒奈（Lerner）與宣偉伯特別強調電視所扮演的角色。他們認爲，電視可以促使第三世界國家的人民認識經濟發展的價值與意義。勒奈同時認爲電視是鼓勵政治參與的

---

❺　見 Dordick and Fife, 1991，有關美國的電話費補助問題，及其對電話普及率的影響。

❻　見 Dordick, 1989; Dordick and LaRose, 1992; Fischer, 1992.

利器，而政治參與正是政治發展最基本的要件。

對於第三世界的觀眾而言，電視與廣播一樣，都不需要識字就可以看懂、聽懂。因此在國家發展初期、教育尚未普及時，電視是社會教育的重要工具。例如在印尼，電視便被視爲是凝聚國家共識以及統一語言的功臣。但是如果電視被政府控制，則必然也將失去刺激政治參與及政治發展的功能。

在自由經濟的國家，電視及廣播、報紙等大眾傳播媒介還有另一個重要的功能，便是透過廣告，提供有關商品的廣告。雖然不少學者不滿廣告商對媒介的影響，我們不能否認廣告在市場經濟的角色。

每千人報紙銷數

報紙和其他的印刷媒介一樣，必須靠文字傳達信息。雖然不識字的人無法閱報，但是也因此使報紙銷售量本身成爲社會發展程度的一個重要指標；它不但告訴我們一個國家報紙普及的情況，也間接指出識字人口的多寡。

此外，由於報紙不似電子媒介，傳統上受到頻道資源的限制，因此受到政府的管制也較寬鬆。但是如果要較正確地反映報紙言論的「自由度」，似乎應該由誰擁有報紙、而不是有多少人看報紙來著手❼。

每千人收音機數

收音機與電視一樣，在早期傳播與國家發展的研究中頗受重視。它不似報紙，只有識字的人才能看，但是在價格上又比電視機便宜，因此成爲推廣各種農村發展及醫療保健計畫人員的「最愛」。在一些地區，

---

❼ 例如 Ben Bagdikian（1983）就力主所有權的多元化，反對連鎖性的報業。他認爲唯有這樣才能確保政治的多元化。

農推人員除了鼓勵鄉村居民聽廣播，並且組織「廣播討論會」（radio forum），進一步強化廣播節目的效果，成為頗成功的範例。

在公共電話及電傳網路上的數據終端機數

這一項指標大致上反映了一個國家中資訊傳輸設備的普及情況：它包括個人電腦以及企業界所使用的數據通信設備。透過這個指標我們可以了解一個國家對資訊、與資訊傳輸的重視程度。因為這些設備是朝向未來整合數據網路發展的基礎，也是提昇辦公室及工廠生產力的關鍵因素之一。

運用數據終端機數目資料唯一的困難，是大多數開發中國家都沒有這方面的統計數字，而即使有這些數字的已開發國家，也不過是近幾年的資料，因此我們無法作跨國或跨時期的比較，也因此不容易看出它在不同資訊化階段中的重要性。

直到今天，許多國家的決策者仍然認為傳播體系的建立與成長比資訊體系的建立與成長更為重要。換言之他們寧可投資在硬體傳輸系統上，並且使它儘量普及，卻不太重視網路的運用，和一般人透過這些系統找尋，以及使用資訊的能力；唯一的例外，可能是以聲音方式提供的資訊服務。在臺灣，過去「打電話聽笑話」的服務曾經造成電信線路「交通阻塞」，而一〇四電話查號也是十分熱門的項目。

由上述的例子，我們可以了解到硬體網路是否能發揮潛力，還要看所謂附加價值服務（value-added services）的發展而定。像「打電話聽笑話」這種利用電信網路所提供的附加價值服務，無疑地大大增加了硬體設備的使用頻率。

由於電信事業過去在很多國家都屬於壟斷性質的公共事業，因此對於經營附加價值服務也存有諸多限制。但是科技的發展與市場的快速擴張使得「電信服務應為自然獨占事業」的想法逐漸轉變。在英國等先進

國家展開了對於電信事業民營化及自由化的一連串措施之後，解除電信基本服務、以及附加價值服務的措施便成為世界性潮流之所趨。

政策上限制的解除更進一步促使附加價值服務的快速成長；這使得資訊網路在短短數年之內成為全球資訊化最令人矚目的發展，但世界上最早在附加價值服務成功的，應推法國。為了取代電信局每年必須印製的電話簿，法國政府由一九八〇年代初期起，大批地將電傳視訊❽ 的終端機免費贈送給電話用戶。由於用戶數目龐大，立刻吸引了投資者對於提供附加價值服務的興趣。到目前為止，法國已經有三分之一的家庭是電傳視訊的用戶，而提供附加價值服務的公司，也高達15,000家之多。內容五花八門，由電子徵友到全國連鎖花店的送花服務幾乎無所不包。但是在其他的國家，終端機不但不免費，而且可能相當昂貴。

二、經濟指標

資訊業勞動人口佔總勞動人口比例

這一項指標的重要性在波拉特早期的研究中已經確立。但是他對美國勞動力的分析存在許多先決條件與假設，包括工作性質究竟是否與資訊密切相關、以及相關的程度如何。同樣地在其他國家所進行的同類研究也必須設立一些先決條件或假設，而就如我們在第三章所提到的，「國情」不同，往往導致不同的定義與分類。Kimeo Uno 在分析日本資訊勞動人口時，就將秘書與一般基層的行政人員排除。他的理由是作這些工作的人並沒有生產任何資訊；他們充其量不過是處理他人產出的資

❽ 我們指的是法國電傳視訊 Teletel 的系統以及 Minitel 的終端機。電傳視訊是一種藉電話網路傳送靜態畫面的多功能、雙向傳播媒介。使用者可以利用他檢索資料、與其他客戶互通消息、甚至買票、購物、銀行轉帳。

訊，因此應該歸入服務業，而非資訊業（Uno, 1982）。

　　我們在前面已經談到，過去的研究發現在大多數國家農業與工業的就業人口都在減縮當中，相對地資訊業的人口不斷成長。由於過去的研究並沒有將最近幾年的資料納入，我們希望經由此一指標了解過去的趨勢是否仍然在繼續發展當中，而使用國際勞工組織的資料也可以避免定義與分類不同的困擾。

資訊產業對國內生產毛額的貢獻

　　許多學者認為在先進國家中資訊產業已取代工業，成為最重要的產業，對國內生產毛額的貢獻也最大。這一個指標曾經在哲薩瓦拉（Jussawalla）及其他一些學者的研究中使用過。由於它可以較資訊勞動人口比例更正確地反映出資訊業在經濟上的重要性，因此頗受重視。

資訊產業對製造業生產力的貢獻

　　資訊業對國內生產毛額的貢獻是多是少，有部分要視它對提昇生產力的影響而定，而過去研究的發現可能與許多人的期望背道而馳：資訊產業的擴張並未能有效提昇生產力。事實上一些大量投資在資訊科技的事業，包括財務、金融與企業界，並沒有得到他們所預期的成果（Jussawalla, Lamberton & Karunaratne, 1988）。效果不彰的原因很多；要有效的使用資訊科技，員工本身需要先受週詳的訓練；裝設、以及調整軟、硬體設備以符合組織機構的需求要花費一段時間，何況生產力的提昇往往發生在不同的階段、不同的部門，因此我們很難觀察到立竿見影的效果。

　　到目前為止，嘗試量化資訊產業對提昇製造業生產力的工作只能勉強算是成功。在本書中我們將使用現有的資料作整體性的分析。

三、社會指標

識字率以及大專學生人口佔同年齡人口的比例

長久以來資訊便被視爲是一種「有用」的東西，可以由報紙、廣播、電視中得到，可以由律師、股票商處買到，也可以不花任何代價，由圖書館中要到。因時效性與功能的不同，資訊的價值也不同。在適當的時機得到適當的資訊，有時會造成意想不到的後果。據說歐洲鉅富羅斯柴（Rothchilds）家族，便是因爲信鴿及時傳來拿破崙戰敗的消息而崛起的。

然而對許多人而言，資訊的價值往往不如其他物品的價值來得明顯。即使是一個目不識丁的鄉下人，我們不必費太大的力氣去解釋，他也很快就能明白例如冰箱、電話或農耕機的好處。可是資訊的好處在哪裡呢？明白的人知道如何利用它改善生活環境、提昇謀生技能、投資，但是對於不明白的人，它既不能填飽肚子，也不能穿在身上，即使要典當，都不知如何估價。過去的研究一再顯示，一般人尋求、應用以及重視資訊的程度，大多與教育背景有密切的關係，其道理即在此。

教育程度除了影響一般人使用資訊的能力，也影響他們使用電腦、以及其他「資訊機器」的能力。儘管「親和」、「好用」是時下資訊產品努力的目標，然而沒有相當的基礎，使用者仍然無法得心應手。因此日本電信及經濟研究所將高等教育就學生佔同年齡人口的比率，取代識字率作爲資訊化指標，自亦有其考慮；接受高等教育人口的比率不但顯示勞動人口的素質高低，也告訴我們社會中一般人生產以及消費資訊的能力。

在資訊時代來臨後，各種各樣的資訊將蓬勃發展。但是影視除外的

所有資訊，都離不了文字。因此即使不識字的人充分理解到資訊的重要性，他們也無法「消費」文字資訊，這是識字率之所以成爲資訊化指標的原因之一：識字與否，是衡量一個人是否具有吸收、使用資訊能力的最基本標準。

第五章　尋找資訊社會的架構

自從資訊社會的概念問世以來，現實究竟離當初描繪的藍圖還有多遠？

正如我們在第二章所討論的，資訊社會的觀念絕對不能單由一個層面來看。為解決上述問題，我們依據第四章所提出的三類指標，分別檢視人類社會資訊化的進度。在這一章，我們分析資訊與傳播媒介發展的情況。

一、資訊系統架構

資訊化最基本的要件之一，是人人可以使用到資訊及傳播媒介，並且可以利用這些媒介取得資訊。這個要件是否存在，則必須由資訊及傳播媒介在社會中普及的情況而定。換言之，如果一個社會中大多數人根本沒用過、見過，甚至也沒聽說電腦、傳眞機或大哥大，則這個社會的資訊化也無從開展。

為了解世界各國資訊及傳播媒介普及的情況，我們收集了聯合國教科文組織（UNESCO）、國際電信聯盟（ITU）及世界銀行（World Bank）的資料，並且按照世界銀行一九八九年的分類標準，將世界各國分為高、中、低收入國家，以方便比較不同發展階段國家的情況❶。

---

❶　世界銀行對中低收入與中高收入國家有所分類。由於世界各國經濟情況的變動，因此分類的標準，以及特定國家所屬類別也會變動。因為我們在此必須做一種較廣泛而較不嚴格的比較，因此，我們在這一部分採用世界銀行的分類法。

由所得的結果，我們可以看到資訊媒介大多集中在少數已開發國家。

電腦及其他數據終端機

如果我們將洞穴壁畫也廣義地解釋為一種資訊，則資訊已經與我們同在久矣。然而在電腦科技成熟之前，無論是生產、儲存或是處理資訊都是耗時又耗力的工作。因此電腦的優點沒有多久便被科學家、企業家「慧眼」所識，電腦也成為資訊社會的明星科技。然而由統計數字來看，近年來全世界的資訊業成長狀況並不穩定。

根據聯合國工業發展報告發佈的資料，一九八四年世界半導體生產成長了46%，產品價值達到美金 327 億元。但是僅僅一年之後，生產量竟降了 12%。雖然在一九八八年成長率再創 30% 的高峯，在一九九○年代初期卻又陷入了另一段低迷時期❷。聯合國資料顯示，一九九○年全球半導體的銷售只成長了 3 ％。所幸接下來的兩年成長率稍見增加，維持在 8 ％至 9 ％之間。

由產品的特性來看，購買資訊科技不但所費不貲，同時買來之後還得調整機構的運作方式，並且對員工作必要的培訓，才能使它發揮理想的效用。這一段時期不但可能相當漫長難捱，而且也可能影響到員工的生產力。因此電腦產品容易受到經濟景氣狀況影響，也就不足為奇（Morgan and Sayer, 1988）。一九八○年代末，世界經濟開始呈現不景氣的現象，全球一百大資訊企業的營收成長率也由一九八八年的16.4% 突然下降至一九八九年的 5.2%（表 5-1）。一九九三年，一百家資訊廠商的營收較前一年成長了 6.26%。這個記錄已經比一九九一年的 4.1% 好了許多，但是仍比一九九二年的成長率下降了 3.4%、更無法和一九八八年以前兩位數成長率的全盛時期相較（Schlack, 1993;

---

❷ 聯合國（1990）《工業發展報告》（*Industrial Development Report*）紐約。

Datamation, June 15, 1994)。由於一九八八年的慘跌後，一九九〇
年的回漲幅度不大，所持續的時間也不長，使得世界上主要的資訊企
業終於未能避免裁員、減產以及合併的命運。為了確保收入，許多
電腦製造商開始將業務重心移轉到利潤較高的軟體程式及資訊服務方面
（Verity, 1992）。

表 5-1 　世界前 100 名資訊企業歷年營收成長率

來源: Datamation, June 15, 1992～1994年。
＊營收總額，單位為10億美元。

　　根據全球資訊業的營收記錄來看，轉移業務重心是正確的作法。在
一九九三年當中，大型電腦是所有電腦產品當中市場萎縮最嚴重的。以
IBM 為例，一九九二到一九九三年之間大型電腦的營收滑落了 47％ 之
多，幾乎達到一半。其他以大型電腦為主要產品的廠商也遭遇同樣的挫
敗。相對的，主要資訊企業在中型電腦、個人電腦、電腦軟體以及服務
方面，卻有不錯的表現。大型電腦營收的下滑可能與替代產品漸趨成熟
有關，但是值得注意的，是其他種類資訊產品的成長很可能與電腦的主
要用途逐漸轉向多元化、娛樂取向有關。這一點我們將在後面的章節繼
續討論。

　　電腦業究竟是否能够恢復一九八○年代中期的繁榮景象，我們不得而知；但是以目前世界市場的佔有率來看，少數跨國公司壟斷的態勢恐怕不會在短時間內改變。

　　和其他的產業相比，電腦業是名符其實「知識密集」與「資本密集」的產業。一部電腦的靈魂——晶片，雖然可能只有我們的指甲那麼大，然而上面所容納的電閘可能數百萬個，而晶片的設計非投下大批專業技術的人力與龐大的資本無以成其事。由於電腦產品日新月異，一旦有性能更優越的產品問世，舊有產品立刻遭到淘汰。在如此激烈的競爭之下，經驗、人才、資金不足以與「先進」抗衡的企業，便很難在市場上佔有一席之地。

　　以電腦產品的靈魂——半導體的產製爲例，幾乎一直都牢牢地掌握在美國及日本企業手中。根據聯合國工業發展組織 (United Nations Industrial Development Organization, UNIDO) (UNIDO Global Report1993/1994, 1993) 1992 年的統計，美（30.75%）、日 (32.3%) 企業佔據了全球半導體晶片銷售量的六成以上，其餘則是西歐和亞太地區國家的天下。臺灣產品雖然只佔有 4.34% 的世界市場，但已經是日本之外，亞洲地區的第二名。

　　由半導體晶片生產集中的程度， 我們可以想見世界資訊企業的情勢。根據 *Datamation* 雜誌估計， 登上全世界前十大資訊企業的公司當中， 有六家自從一九八七年以來便未曾變動過：包括 IBM、富士通 (Fujitsu)、日本電腦 (NEC)、惠浦 (HP)、迪吉多 (Digital) 及日立 (Hitachi)。前十名當中，IBM 多年來穩居第一， 儼然自成王國。在一九八九年間， IBM 一家公司的營收， 便佔了全世界一百家最大資訊企業全部營收的 1/4。它不但是世界資訊業的龍頭，也是前蘇聯及日本之外全世界各個國家中資訊市場佔有率最高的企業。它的規模足足有名列第二的迪吉多（Digital） 8 到 10 倍之多。 近年來電腦業不景氣，

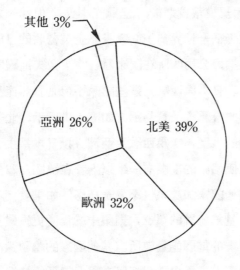

圖 5-1　資訊科技貿易之全球分佈狀況

來源: 凱利（Kelly J.）《資訊科技銷售漲至 256 億美元》(*Information
Technology Sales Soar to $256B*)，*Datamation,* 1991 年 6 月15
日，p. 27。

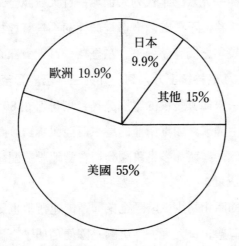

圖 5-2　MIPS 電腦能量之世界分佈

備注: 此資料爲1987年年底統計。

來源: Egil Juliussen 與 Karen Juliussen之《電腦工業年鑑》(*The Computer
Industry Almanac*)，1988。

IBM 在數次大規模裁員之後，已風光不再。但就一九九三年的統計來看，它的營收仍佔全世界前 100 家資訊企業營收的 18.55%。

由資訊企業母公司的所在國來看，少數先進國家無疑穩居領導地位，包括北美、日本與西歐。這些國家不但是資訊產品主要的產地，也是世界上主要的資訊產品貿易國。如圖 5-1 所示，北美是國際間資訊產品貿易最主要的地區，次為西歐及亞洲（以日本為主）。一九八七年，估計世界上在使用中的電腦有一半以上都在美國，22% 在歐洲，11% 在日本。所有其他國家加起來也不過是16%。如果我們不以電腦的臺數，而以電腦的能量為統計的單位，則集中的程度更為嚴重。圖 5-2 顯示，美國一國所擁有的電腦能量較所有其他國家的總數還高。

在這種國際市場為少數「超級企業」壟斷的情況下，其他的國家唯有在夾縫中尋找生機。例如亞洲四小龍近年來終於逐漸走出仿冒的陰影，以低價位、與大廠牌相容的個人電腦打入國際市場。我國最大的電腦公司宏碁自從一九八〇年代列入世界一百大資訊企業的名單之後，便積極擴展海外業務，不久雖然遭遇全球性的不景氣挫折，損失頗鉅，但宏碁在短短的幾年之間調整過來。在全球一百大資訊企業的排名中，由一九九一年的 64 名持續上升，到一九九三年已經晉至 40 名。至於神通電腦，我國另一家頗具規模的電腦公司，則徘徊在 80 名至 90 名之間。其他少數開發中國家，如東南亞的馬來西亞與泰國，雖然也是主要的半導體輸出國，然而其產品多為跨國公司在當地設裝配線的結果，並不代表本土發展的成就。

電腦硬體的產銷為少數跨國企業壟斷，連帶地也影響了軟體工業與資訊庫的發展型態。一九九一年美國一國便佔據了全世界電腦軟體市場的 57%，居次的日本則佔去了 13% (Siwek of Furchtgott-Roth, 1933)。同樣的，美國也壟斷了資料庫市場。一九八七年美國佔據了全球 1,000 個國際性資訊庫的一半以上，紀錄項目達到 2 億。

　　電腦在資訊社會不可謂不重要，然而迄今世界上還沒有任何一個機構在有系統地、逐年收集有關電腦業產銷以及消費的情況。我們所能找到的，只是一些較爲零星的統計數字，但是由這些數字當中，也可以看出一些端倪。例如根據國際數據公司 (International Data Corporation) 的資料，由一九八九到一九九一年爲止，在美國、西歐、日本和世界所有其他地區當中，個人電腦（不包括大型電腦）的出貨金額始終是以美國領先 (Steffens, 1994)、西歐居次。美國不但在這方面領先，而且所佔比例高達近四成。相對的，美國、西歐及日本之外所有地區加總，也不過在15%左右。在亞洲地區，日本遙遙領先各國。日本之外，則是澳洲、韓國和臺灣的天下。

　　由於各國人口多寡不一，所以上述資料並不能看出一個國家電腦普及的情況。目前文獻中有關電腦普及率的資料只能在一九八六及一九八七年出版的兩年電腦工業年鑑找到，然而年鑑中的資料，也大多限於已開發國家。

　　根據年鑑所收集的資料顯示，一九八六全世界每千人有14臺電腦，一年之後，平均每千人增到16臺，這個數字不過是美國電腦普及率的９%。大多數開發中國家，如印度與中國大陸的電腦普及率都非常低；大約每萬人才有３臺電腦。新興工業國家如巴西、墨西哥也相當低，約每千人３臺。東亞的四小龍只不過稍爲好一些；一九八六年臺灣地區的電腦普及率是每千人９臺，一九八七年，每千人11臺，南韓則與臺灣不相上下；一九八六年每千人９臺，一九八七年每千人11臺。新加坡由於進出口貿易鼎盛，需要電腦處理大量的資訊，因此電腦普及率居新興工業國之冠。

　　開發中國家的電腦普及率可以相差到百倍以上，已開發國家的差距也不算小。例如美國的電腦普及率就是澳洲和歐洲的３倍，比居第二的英國也多出１.７倍。雖然大多數共產國家在這方面都沒有可信的資料，

但是由蘇聯（每千人 1 臺）及上述中國大陸的數字來看，電腦普及的情況應該不及同一地區的其他國家。

電腦本身固然是一種多功能的資訊機器，但是唯有在與其他的電腦連上線、成為網路的一部分之後才能用於數據傳輸，而數據傳輸又是提昇生產力的關鍵之一。因此在我們的資訊化指標中，數據終端機的數目是一個主要的項目；由這項指標我們可以知道一個國家數據傳輸的潛能。

由於在傳統上許多歐洲國家的電信事業屬於國營或公營，因此有部分國家迄今仍禁止使用公眾網路作數據傳輸。根據世界銀行出版的《世界發展報告》（*World Development Report*），由一九八〇到一九八七年間，這些禁止在 PSTN 全國性公共交換電話網路及電傳（telex）網路上傳送數據的工業國家中，數據通信的成長率為 160%。然而近年來電信事業的自由化、民營化浪潮已經使得美國及許多其他國家出現了連接不同公司企業組織，甚至連接不同國家的民營網路。但是由於民營的網路資料往往並不包括在政府的出版品中，所以也不易獲得。附錄B的表 6 當中就沒有包括這些民營網路，也因此允許民營網路存在的美國、新加坡與日本的數字，並不能反映其國內數據終端機普及的真實情況，但是在禁止民營網路的法國與德國，附錄B表 6 中的數字卻能準確地描繪出數據傳播成長的情況。相同地，在附錄B表 6 中所列的開發中國家數字當中，也以電信尚未民營化的國家的數字較能反映實際的情況。

但是即使我們拋開民營化的問題，僅由公營數據網路的資料來看，數據終端機在第三世界國家中也有頗為可觀的成長。以馬來西亞為例，數據通信在一九八四到一九八六的兩年間就成長了 500%。同樣是東南亞國協的泰國則在一九八三到一九八七年間也成長了 500%，而國民平均所得遠較泰、馬兩國低的非洲國家辛巴威（Zimbabwe）也有50%的

成長。唯一的例外是菲律賓；在同一時期它的數據通信降低了17%，這可能要歸咎於當時菲國政治、經濟情勢的惡化。

在臺灣地區，電信事業獨佔的局面一直到民國七十九年，開放加值服務民營才逐漸改變。據電信局（《數據通信要覽》，民國八十二年）統計，國內數據專線的電路數在民國八十二年時共有 41,245 條。

由上述的數字來看，數據通訊無論在工業國家或是第三世界，都有大幅度的成長，顯示它在資訊化的重要地位。不過成長率高的另一個原因，可能是總數少，使得些微的增加便造成倍數成長。

電話

過去一向不十分受到傳播與經濟學者注意的電話近年來大幅成長。在一九八六到一九九〇年間，全世界電信設備的市場由 810 億美元增加到 1,250 億美元，成長了50%，幾乎每年成長1/10。但是由各地區銷售的情況來看，電話與電腦一樣，呈現地區與地區之間頗大的差距。以一九九〇年為例，國際市場上36%的電信設備賣到了北美，47%到歐洲，13%到亞洲，而拉丁美洲與非洲只有 3 %。由成長率來看，非洲的電信設備最貧乏，也因此在這個地區銷售的成長額度最高，相對地北美的成長最低（表5-2）。

近年來許多國家的電信事業已經民營化，然而在有國營電信事業的國家，民營公司要在市場上佔有一席之地仍非輕而易舉的事情。一項針對經濟合作及發展組織各會員國所作的調查顯示，在這些國家近七成的市場被公勞、或國營公司所佔據著。在國際市場上，電信設備大多操控在少數幾家廠商的手中，一九八六年僅三家美國廠商的銷售量便佔了全世界的35%（表5-3）。同樣地，在一九八五年全世界有60%的數據電話線路是三家公司的產品：美國的 AT&T、法國的阿爾卡特（Alcatel）、

表 5-2 地區性世界電訊市場之成長

地區	成長率（%）
北美	3.0
歐洲	4.6
亞洲	6.2
拉丁美洲	6.1
大洋洲	4.9
非洲	7.7

來源：NTIA Telecom 2000(p. 328)，華盛頓特區，美國商業部，1991。

表 5-3 世界十大電訊器材製造商

公司	總公司	1986銷售量 （億美元）
AT&T	美國	10.2
阿爾卡特（Alcatel）	法國	8.0
西門子（Sieman）	德國	5.4
日本電器公司（NEC）	日本	4.5
北方電信	加拿大	4.4
IBM	美國	3.3
摩托羅拉（Motorola）	美國	3.1
艾瑞克斯（Ericsson）	瑞典	3.1
富士通（Fujitsu）	日本	2.1
非力普	荷蘭	2.8

來源："NTIA Telecom 2000"(p. 329)，華盛頓特區，美國商業部，1991。

及加拿大的北方電信（Northern Telecom）表（5-4）。一九八九年，國際上九成左右的電信設備是由二十七家公司所生產的，包括九家美國公司、十三家歐洲公司及五家日本公司❸。在臺灣電信設備採購及工程採公開招標，目前所使用的電信設備幾乎囊括了主要跨國公司產品，如AT&T、吉悌、Alcatel、西門子、NEC、富士通等。

　　由電話網路的特性來看，或許地區分佈不均的現象其來有自：發展全國性公共交換電話網路（public switched telephone network, PSTN）是十分昂貴的。在獲取利潤之前，必須先投下大筆資金。除此之外，維修這樣的交換網路不但需要訓練有素的人員，而且有些工作必需要工程師方能竟其功，而這些人力、財力資源都不是開發中國家所能

表 5-4　*1985年全球服務數據電話線（以百分比）*

	電話線
北方電信（加拿大）	25
AT&T（美國）	21
阿爾卡特（法國）	14
GTE（美國）	8
艾瑞克斯（瑞典）	8
日本電器公司（NEC, 日本）	8
西門子（西德）	6
ITT（美國）	4
其他	6

來源：“NTIA Telecom 2000”（p. 315），華盛頓特區，美國商業部（1991）。

---

❸　聯合國，一九八九；聯合國工業發展組織，一九八九。

輕易找到的。雪上加霜的是，許多跨國電信公司比較樂於在電信網路已有規模的地區推銷產品，而不願意和開發中國家打交道，因為和開發中國家打交道他們必須承擔政治及經濟上更大的風險，萬一運氣不好，可能落得血本無歸。

根據國際電信聯盟的數字，由一九七〇到一九八〇年間世界上電話普及率成長了 79.2%，由一九八〇到一九九〇年又成長了 23.8%，顯示某些國家的成長已趨於緩和。如果就不同發展階段國家的電話普及率來看，電話資源的分佈也呈現十分不平衡的情況。在一九九一年，高收入國家的電話普及率已經達到每戶都有的程度；在美國這個比例更高，一九八九年已經是每兩人就有一具電話（每千人 506 具）。即使在新加坡，一九八九年電話普及率也到達每千人 356 具。

但是在中、低所得國家，情況就有顯著的不同。根據國際電信聯盟所提供的數字來看，一九九一年間中所得國家平均每千人只有 121 具電話，是高所得國家的 1/4 左右不到。一九八九年希臘平均每千人有 378 具電話，雖然較新加坡密度高，但是在同一類的其他國家就少了很多，例如在拉丁美洲的瓜地馬拉是平均每千人18具。相較之下，臺灣的電話普及率在一九九一年已經達到每千人 330 具（一九九三年增加到每千人 367 具），算是中所得國家中較高的。至於在低所得國家，電話很明顯地是屬於「稀少資源」。一九八九年布隆地（Burundi）、馬利（Mali）和盧安達（Rwanda）三個非洲國家的電話普及率都沒有超過每千人1具；算是較高的緬甸也不過是每千人18具電話。在一九九一年，平均低所得國家，每千人只有18.4具電話。

如果我們比較不同所得國家的電話普及率，會對國與國、地區與地區間的差異有更清楚的印象。以一九八一年為例，美國的電話普及率是非洲國家平均電話普及率的 115 倍，亞洲國家平均的46倍，和拉丁美洲

平均的17倍（Johnstone and Sasson, 1986）。 第三世界國家擁有全世界70％的人口，但是只有世界上 7 ％的電話（Elkington and Shopley, 1986）。同樣的不均現象也存在於許多國家的鄉村與都市之間。比如在墨西哥，至少有三萬個以上的村鎮沒有電話。即使在美國，也有些南方的小鄉鎮是電話服務所不及之處（Dordick and Fife, 1991）。臺灣由於由民國七十三年起實施鄉村地區普及化計劃，到民國七十九年止電話普及率已經由每千人17具提高到每千人24具❹。

在電話資源分配已經如此不平均的情況之下，究竟貧國與富國之間的差距是會日益擴大，還是逐漸縮小呢？如果我們將高、中、以及低所得國家近二十年的電話成長率作一比較，則顯然情況並不樂觀。雖然在三組國家當中高所得國家的電話成長率在近年已有遲滯現象，然而它在一九七〇至一九八〇的十年中，成長率仍領先低所得國家，即使在一九八〇年代開始落後，差距也十分有限。比較值得注意的，是屬於中高所得的新興工業國家在電話成長率方面始終居於三組國家中領先的地位，尤其以一九七〇至八〇年間 200％ 以上的成長率最令人矚目。

展望未來，電話將持續成長，蘇聯解體之後，獨立國協及東歐積極發展經濟及貿易，爲了吸引投資伙伴，電信建設便成爲必不可缺的基礎設施。美國與這些國家電信局所達成的多項交易顯示，電話成長的另一個高峯即將到來❺。不過由另一個角度來看，成長將集中在原爲中所得的前共黨國家，這麼一來，高所得與中所得國家的差距雖然可以縮小，但是低所得國家與其他國家的鴻溝卻勢必擴大，使得這些國家遠遠地被拋在資訊化潮流之外（圖5-3）。

---

❹　電信局資料，民國八十一年十二月八日。
❺　貝爾・亞特蘭大及蘇聯聖彼得堡城，和貝爾・亞特蘭大及捷克在建造大哥大及地區網路的合作計劃，便是加速東歐電訊傳播腳步的例子。

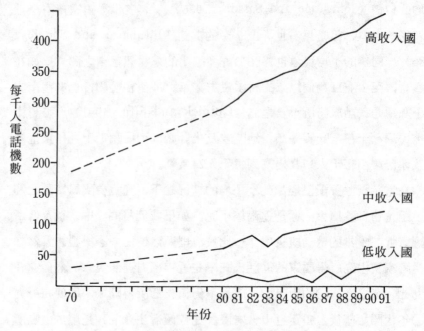

圖 5-3　三種國羣電話普及率

資料來源:　《公共載具電訊統計年鑑》，日內瓦、瑞士:　國際電訊聯盟 (ITU);
　　　　　　《聯合國教科文組織統計年鑑》，巴黎:　聯合國教科文組織。

大眾傳播媒介:　廣播、電視與報紙

　　與電腦及電信媒介分佈不均的程度相比，大眾傳播媒介的情況較爲
緩和。然而這種「相對」較爲緩和的現象並不表示沒有問題;　事實上，
自從一九六〇年代到今天，傳播學者及決策者都認爲這是一個引以爲慮
的現象❻。在一九七〇年代，世界上廣播收音機和電視機的普及率增加
了 2～3 倍;　報紙在同一時期雖然也有成長，但銷數的成長卻僅僅能追
上人口成長的速度，以至於普及率呈現停滯的現象 (Stevenson, 1988,

❻　宣偉伯（Wilbur Schramm）一九六四年提到:　世界人口的 2/3 中，便
　　擁有世界報紙發行總數的1/3、世界收音機總數的1/4、及12％的世界電
　　視機總數。見宣偉伯（Schramm, 1964）。

p. 100）。

在普遍成長的數字背後，是無法掩飾的、分佈不均的事實。一九七〇年代末期，佔了世界上七成人口的第三世界國家只有世界上15％的收音機和17％的電視機。報紙方面，開發中國家所消耗的新聞紙平均每年每人不到 1 公斤，但是在工業國家，這個數字達到每人每年18公斤。此外，第三世界國家中也有有顯著的不同；拉丁美洲國家是貧國當中媒介資源較爲豐富的，而非洲與許多亞洲國家則幾乎被排拒在媒介世界的門外❼。

在一片令人悲觀的情勢之下，一九八〇年代展現了兩個轉變的契機；兩個主要的電子媒介，廣播與電視在第三世界大幅成長，在工業國家卻因爲市場已經飽和而成長遲滯，使得貧國與富國在這兩種媒介的普及率上，差距顯著縮小。根據英國國家廣播公司（BBC）的估計，第三世界所擁有的收音機數量由一九七〇年的世界總數的15％上升到一九八〇年的19％，而電視機則由一九七〇年世界總數的 8 ％到一九八〇年的13％❽。

假使我們參照聯合國教科文組織的資料，會看到同樣的發展趨勢。由一九七〇年代起，所有國家的電視機普及率都穩定成長。一九七〇到一九八〇的十年當中，高收入國家的電視普及率成長了四成，但是在接下來的十年裡，卻只增加了22％，顯然是因爲市場趨於飽和，導致成長遲滯。這些國家當中，有的電視機普及率已經高達98％，常常比電話的普及率還要高。

在中等收入國家，電視普及率在二十年間也增加了 2 倍以上，而在低收入國家，成長更爲可觀。在一九七〇年，平均每千人只有11臺電視

---

❼　史蒂文生（Stevenson, 1988, p.102）。非洲的小部分資料報告指出：盧安達之類的國家，報紙普及率極低，如在一九八八年便只有 0.1‰的普及率。
❽　資料來源爲《聯合國教科文組織統計年鑑》，用以做爲分析。

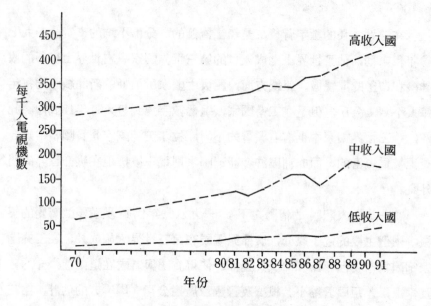

圖 5-4 三組國家之電視普及率

來源: 《聯合國教科文組織統計年鑑》，巴黎，聯合國教科文組織。

機，但是到了一九八〇年，普及率已經提高了 2.5 倍。在一九八〇年之後，高收入國家的電視機普及率成長率開始轉緩，不過高收入與低收入國家的差距仍然相當大；一九九一年高收入國家電視機普及率比中等收入國家多了 2 倍，比低收入國家多了 7 倍。

電視機普及率不但和一個地區人民的經濟能力有關，也和當地的電視體制脫不了關係。我們可以由附錄B、表四中看到，電視機普及率最高的國家，也是有多種性質不同的電視臺的國家。事實上，除了德國、新加坡和紐西蘭，電視機普及率快速增加的國家幾乎都有政府經營、公營和民營的電視網。但是在節目來源較為單一的國家，例如德國和新加坡，觀眾都可以接收到鄰國的節目，因此電視機普及率還是有相當大的成長。

在第三世界，經濟情況較好的中等收入國家大多有商營與政府經

營、或僅有商營的電視臺，電視機普及率也有穩定成長。而低收入國家中，以埃及、泰國和菲律賓等電視臺數目較多的國家普及率較高，印度和印尼則只有政府電視臺。

　　在一九六〇和一九七〇年代被決策者和農業、家庭計畫推廣人員認為最重要的無線廣播，直到今天還是最普及的大眾傳播媒介。在高收入國家，幾乎每一個家庭都有平均兩臺以上的收音機（見圖 5-5），在中等收入國家，每一個家庭平均也有一臺。低收入國家的收音機普及率雖然還是不及上述兩組國家，他們收音機普及率的成長速度卻在一九七〇以及一九八〇年代都領先其他兩組國家，超過 100％。由於中高收入國家的收音機普及率已經接近上限，低收入國家很可能在未來幾年之內追上他們。

　　由於受到識字率的限制，報紙一向是屬於居住在都市的、中高收入

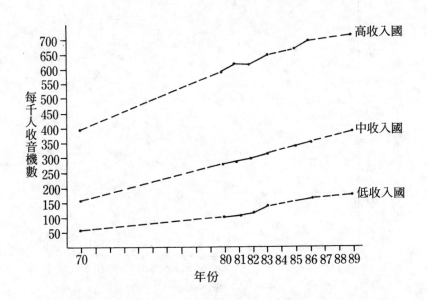

圖 5-5　三組國家之收音機普及率

來源:　《聯合國教科文組織統計年鑑》，巴黎，聯合國教科文組織。

階層的媒介。由於聯合國教科文組織資料殘缺，我們不大容易看出報紙在全球分布的情況。以現有的統計數字來分析，在一九七〇年，世界上每千人約有 136 份報紙。十八年之後報紙的發行量只增加了10％，約是每千人 150 份報紙。由於殘缺的大部分是低收入國家資料，這些數字應屬高估。但相對於收音機，有錢的、和沒有錢的國家在報紙的普及率上，差別仍相當可觀。同樣在一九八八年，高收入國家的報紙普及率是每千人 340 份，中等收入國家是每千人 128 份，而在低收入國家，只有24份；不到中等收入國家的1/5，高收入國家的14％。

近年來報紙的另外一個重要發展趨勢，是普及率的下降。相對於電子媒介，包括電視與收音機普及率的快速成長，報紙在高收入國家的普及率由一九八〇年的每千人377份降到了一九八八年的每千人340份。或

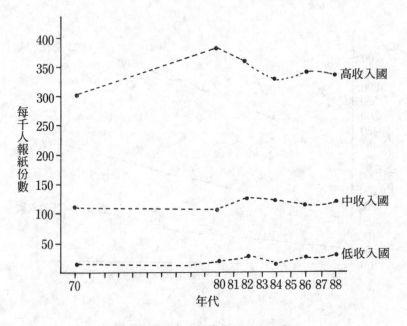

圖 5-6 三組國家之報紙普及率

來源: 《聯合國教科文組織統計年鑑》，巴黎，聯合國教科文組織。

許有人認爲這是因爲報紙的普及率在高收入國家已經達到上限，因此稍有下降，不足爲奇。問題是，在報紙普及率原本就十分低落的低收入國家，情況也不見任何進展。在一九七〇年報紙在這些國家的普及率是每千人17份，到了一九八八年，普及率也不過是每千人24份，增加幅度有限。

報紙普及率不但在高收入和低收入國家有很大的差別，就是在同一收入水準的國家，也有頗爲明顯的差距。以高收入國家爲例，一九八六年日本的報紙普及率是每千人566份，而加拿大只有一半不到：225份。在中等收入國家，馬來西亞有每千人 323份，但是巴西則只有57份。低收入國家，幾乎每一個國家的報紙普及率都很低；不過相差仍有數倍之多，例如埃及的每千人50份，印尼的16份。

由於第三世界國家通常沒有可靠的報紙發行數字，所以我們對於手邊資料的確實性必須要打一些折扣；不過報紙普及率成長的遲滯、甚至下降趨勢不但十分明顯，也很穩定，不能輕易以資料問題抹煞它的重要性。遺憾的是，我們無法找到其他印刷品，如書籍與雜誌近年的銷售資料，以佐證報紙發行量的變化。

大眾傳播媒介之外，新媒介有部分在一九八〇年代進入市場，不但成長快速，而且在普及率和重要性方面都有凌駕報紙、廣播和無線電視的趨勢。其中值得一提的有錄影機、大哥大無線電話、衛星電視與有線電視。其中尤其以錄影機全球性的發展最爲可觀（圖 5-7），根據最新的估計，一九九四年全世界已經有三億臺錄影機，也即有44%的電視家庭有錄影機 (Screen Digest, 1994)。

錄影機在一九八〇年代初期進入市場之後，立刻在世界各國引起消費者的興趣。由於它允許觀眾看到一般無線電視臺所不播、或不准播的節目，所以幾乎不費什麼力氣，就跨越了各國政治、宗教以及文化的管制，進入到全球市場。以臺灣和孟加拉爲例，政府都曾經明文規定禁止

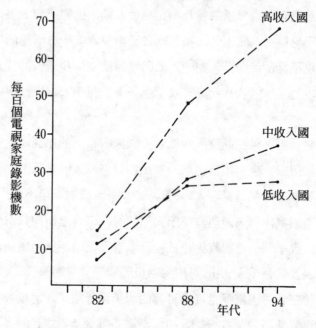

圖 5-7　三組國家之ＶＣＲ普及率

來源: 《世界傳播報告》，巴黎，聯合國教科文組織，1989，《卡式錄影機
　　　──過去、現在與未來》（*Video Cassettes-Past, Present, and
　　　Future*），B. Fox 著，1983（pp. 18-21）及 Screen Digest，1994
　　　年 8 月。

錄影機進口，然而仍然禁阻不了走私的「水貨」入侵（Wang, 1986），
反而使走私商人獲取暴利。到了一九八○年代末期，共產國家和一些
中東國家的觀眾在親朋好友家中、或是街頭巷尾的小店裡偷偷地看錄影
帶，已經成為公開的秘密。

　　由世界各國錄影機普及的情況來看，似乎是電視節目管制越多、越
貧乏的國家，錄影機的普及率也越高。臺灣地區的錄影機普及率在一九
七六年還只有３‰，在四年之內就成長了10倍。觀眾藉著錄影機，盡情
欣賞無線電視臺所不准播出的日本電視劇、摔角、甚至成人節目。到了
一九九三年，臺灣有錄影機的電視家庭已經高達七成以上（行政院主計

處資料），而這個比例在第三世界國家中還不算高。截至一九九四年為止，世界上錄影機普及率最高的國家，許多是中東回教國家，包括科威特（Kuwait, 78.9%）、巴林（Bahrain, 64.8%）、和阿拉伯聯合大公國（United Arab Emirates, 63.4%）（Screen Digest, 1994）。其他一些世界上最貧窮的國家錄影機普及率也不落人後；在國民平均所得一年不過三、四百美元的印度，錄影機普及率幾乎達到三成（28.4%），斯利蘭卡（Sri Lanka）有 37.1%，而非洲國家摩洛哥（Morocco）也有34.4%。特別值得注意的是在像象牙海岸、賽內加爾、薩伊爾和加彭共和國這些國家，錄影機銷售量在一九八一到一九八五的四年之間就成長了30倍。反而是在美國，錄影機花了足足十一年時間才達到三成的普及率，但是收音機和電視機只花了五年就達到了同樣的普及程度。不過在一九九四年，美國錄影機的普及率估計已經超過八成。

由於錄影機普及率是以有電視的家庭作為計算的基數，所以錄影機普及率高只等於它在有電視機的家庭有多麼普遍，並不等於它在一般人家裡有多普遍。也因此在一些第三世界國家，尤其是貧富不均的國家，如果原本就只有一小部分有錢的人才有能力購買電視機，則錄影機普及率雖然很高，也只表示這些社會中的一小部分人擁有錄影機。這可能是少數貧窮國家的錄影機普及率得以如此快速成長的原因之一。

錄影機之外，衛星電視和有線電視在一九九〇年代也呈現一片榮景。以歐市國家為例，截至一九九三年，衛星接收器的普及率雖然僅有6.6%，但是因為許多家庭藉由有線電視接收衛星節目，因此衛星電視的普及及程度遠不只衛星接收器普及率所顯示的情況。而有電視在歐洲也已有相當可觀的市場。十二個歐市國家中，有線電視的普及率平均是19.5%，但是在歐市以外的西歐國家，比率更高達 48.7%。其中比利時、摩納哥等小國的有線電視普及率已經達到99%以上，盧森堡、荷蘭也有近九成的普及率。這方面較為落後的是希臘、義大利、葡萄牙及西

班牙等地中海岸國家。

在亞洲，自從亞太衛星（Asiasat）升空之後，衛星電視很快的成爲媒介世界的新寵。目前亞洲上空已有、以及即將有的通信衛星已經有十多枚，包括國際衛星組織（Intelsat）衛星、印尼的帕拉帕（Palapa）系列衛星、日本的櫻花（BS）及超鳥（Superbird）衛星、香港的亞洲衛星、以及泰國、南韓、馬來西亞在俄國的衛星（李少南，1994）。經由這些衛星所傳送的電視頻道共有數十個。估計到公元二千年，亞洲上空的衛星轉頻器將多達九百多個，而衛星電視將是通信衛星主要收入的來源。

有線電視在亞洲的情況資料較不齊全，但是在臺灣，民國八十三年政府準備開放有線電視合法經營時，非法的第四臺普及率已經達到六成（新聞界，民國八十三年十二月）。合法化之後，普及率進一步提高應是必然的趨勢。

和錄影機相比較，衛星和有線電視同樣提供觀眾更多的選擇機會，但對政府而言，它們卻也更難以管制——尤其是衛星電視。臺灣的第四臺能够在非法的情況之下達到六成的普及率固然是世界少有的記錄，但是在許多其他地區，政府管制民眾接受衛星電視的政策都遭遇執行上的困難、以及來自觀眾的抗議。以馬來西亞及新加坡爲例，衛星電視是政府所禁止接收的，但是在馬來西亞，即使政府不同的部門之間也對這項政策有不同看法。在中國大陸，以衛星接收器收看外國節目是禁止的，但是收看本國節目是允許的；問題是，政府又怎麼能够知道民眾究竟在看本國、抑或外國節目？（Lee and Wang, 1994）

在衛星電視「管不著」的情況之下，政府對於本國廣播電視的管制就形成了不公平的競爭、甚至於助長了外來電視的成長，而這又是希望大眾文化本土化的各國政府所不願意見到的。在兩難的情況下，亞洲一些政府只得逐步開放過去對於電視節目以及廣告方面的限制，間接造成

地區內無線廣播的自由化、以及資訊的自由流通。

二、結　　論

　　馬可洛普、增田米二、波拉特和貝爾都認爲知識和資訊導向的活動將是資訊社會的主要動力。由上述的資料來看，無論是在貧窮的、中等收入的以及有錢國家，近年來資訊的上層結構都有長進。如果我們比較一下各個資訊媒介在世界各國的發展，就會發現一些有趣的形態。

　　最引人注意的是不同媒介的際遇在不同的國家並不相同，而且成長越是緩慢的，在國家之間所形成的差距也越大。以電腦而言，幾乎所有的成長都只發生在少數工業國家。根據一九八七年的資料，高收入國家的電腦普及率約是印度和中國大陸的 200 倍。近幾年來電腦的銷售價格不斷下降，應當有利開發中國家電腦的普及。但是電腦不似錄影機具有高度的娛樂功能，況且使用電腦仍然必須具備基礎的知識與技能，並不是人人所能輕易駕馭。拋開一般的電腦基礎常識不談，完全不懂英文的人恐怕就很難和電腦「溝通」。然而在舉世所有的語文當中，電腦所能處理的大多限於西方拉丁、日耳曼語系的語文、東方的日、韓、中文與部分阿拉伯語。有一些語文或可用拼音的方式解決，但是大部分的程式仍然離不了英文。如果電腦不能普及，資訊化的大部分工作將流於空談，無法落實。在這樣的情況下，第三世界國家要在短時期內趕上工業先進國家，也只有落得是個一廂情願的想法罷了。

　　報紙發行量是另外一個值得注意的發展。過去的幾十年當中，報紙的成長不斷受到新媒介、尤其是電子媒介的挑戰。但是儘管成長緩慢，一般總認爲只要相關的條件——包括識字率和都市化程度——成熟，報紙總能夠在諸多媒介的激烈競爭之下發展出自己的特色，維持一席之地。然而我們在聯合國資料中卻很清楚的在許多國家看到報紙銷數下降

的趨勢。對於工業先進國家，或許我們可以將之解釋爲普及率已經達到上限、或是報紙市場日趨單一化之後所發生的現象；但是對於貧窮的開發中國家，這些理由顯然不能適用，唯一的解釋，是人口的成長率超過了報紙發行量的成長。但是無論如何，報紙這項主要印刷媒介的未來動向，都是值得我們密切觀察的。

相較於電腦和報紙，電子媒介呈現了一片「情勢大好」的景象。在高、中收入國家，幾乎每一個家庭都有一臺、或一臺以上的收音機與電視機。在低收入國家，電視機可能還是奢侈品，但是收音機已經十分普通。另方面，新媒介，包括錄影機、衛星電視、有線電視甚至與媒體及視訊服務（Video-on-demand）正以很快的速度在增長當中。新媒介的興起固然促進無線廣播及電視的自由化及資訊自由流通，但是同時它也造就了影視文化的國際化及跨國影視企業蓬勃發展。以亞洲地區的衛星電視觀眾而言，只要他們的能力允許，收看六、七個不同國家的電視節目在技術上並沒有問題。在這樣激烈的競爭之下，各國本土的影視事業究竟有多少發展空間？新媒介的興起是否導致跨國影視企業壟斷全球市場？

雖然不斷有盜錄的問題，美國影視節目僅僅在一九八九年一年間的營收就已經高達六億美元（Negrine and Papathanassopoulos, 1991: 21），而美國的電影產量還在成長（Booz Allen and Hamilton, 1989）：一九八五年美國生產了 300 部影片，而到了一九八九年，這個數字已經增加到 600 部。值得注意的是，同時期其他國家的成長都遠不如美國。這可能是當初預言資訊社會的學者所始料未及的發展。

第六章　資訊勞動人口眞的可以
促進經濟成長嗎？

　　在一九六〇和七〇年代，許多決策者和學者都認爲資訊業是經濟問題的靈丹；它可以加速經濟發展，也可以突破成長的瓶頸。由一九七〇年代開始直到九〇年代，在幾乎所有的國家中資訊勞動人口都有顯著的成長。但是同時我們也遭遇到不知道應該如何定義資訊勞動人口、以及如何評估它的品質與貢獻的問題；許多研究似乎假定所有的資訊工作都是高價值的工作，事實眞是如此嗎？恐怕未必。

一、經濟的上層結構

　　在第四章裡我們討論了三個有關資訊化的經濟指標，它們是：資訊勞動人口在全部勞動人口中所佔的比例、資訊產業對國內生產總值（GDP）的貢獻、和資訊產業對一國工業生產力的貢獻。到目前爲止，我們還沒有看到任何文獻中有關於這些指標的深入討論，而開發中國家的資料也時常殘缺不全，因此在這裡我們只能選擇幾個國家來作分析。由於資料並不完整，我們不能肯定的說分析的結果必然代表未來，但是至少可以從中看出一個發展的大趨勢。

二、資訊勞動人口比例

　　在大多數的工業國家，農業勞動人口在許多年以前就已經停止成

長，甚至製造業人口也開始下跌，同時服務業和資訊業的勞動人口卻持續成長。由附錄B、表7中我們可以看到，幾個高收入國家的資訊勞動人口在進入一九八〇年代的時候，都已經達到總勞動人口的40％以上，而且維持穩定的成長。到一九八〇年代末期，已經超過45％，有三國甚至於超過了總勞動人口的一半。高收入國家的資訊勞動人口在一九八〇年代平均上升了6％。

大部分中等收入國家資訊化起步較遲，因此它們的資訊勞動人口比例也比較小。例如在一九八九年，南美洲的委內瑞拉和亞洲的韓國、臺灣資訊人口比例都沒有超過35％，而泰國則只有18％（附錄B、表7）。至於在低收入國家，資訊勞動人口的比例相差距就更大了；以埃及和菲律賓為例，幾乎和中等收入國家相差無幾，但是由附錄B、表2我們可以看到這些國家的國內平均所得就較韓國、哥斯達黎加和巴西相去甚遠。

如果我們要了解資訊產業對經濟成長的重要性，則我們必須了解這兩者的關係。針對這個問題，Oniki and Kuriyama (Oniki and Kuriyama, 1989) 曾經以日本為例，作過詳細的分析。他們把生產出來的成品分為兩個部分：可以歸功於資訊科技、和不可以歸功於資訊科技的部分，然後再估算資訊科技對日本經濟成長的貢獻。根據他們的算法，可以歸功於資訊科技的部分包括由資訊科技附加價值所得到的收入，和資訊產品與服務的利益。這些利益減少了組織中溝通與協調的支出，也就等於減少了管理的支出，從而提高產品的品質。以這樣的方法計算，Oniki and Kuriyama 估計在一九七四到一九八五年間，資訊科技對日本經濟成長的貢獻約在6.9％到31.7％的複合成長率之間。以另外一種方式來計算，則日本每年平均經濟成長率約有0.64％到3.9％間是可以歸功於資訊科技的。如果完全沒有資訊科技，日本在一九八五年的國家生產毛額會比它實際的水準低12％之多。

哲薩瓦拉（Jussawalla, 1986）曾經嘗試利用輸入輸出分析（input-output analysis）的方式測量九個太平洋地區國家中，資訊產業對其他經濟產業的貢獻。她發現斐濟（Fiji）與新幾內亞（Papua New Guinea）上層結構的建設與廣告投資在商業服務和銀行業創造了需求；在澳洲，印刷業和紙業也在同樣的產業發揮了效果。有趣的是，即使是相對而言規模較小的資訊產業，也在一九七〇年代與一九八〇年代初期對經濟成長有明顯的貢獻（Jussawalla, Lamberton, and Karunaratne, 1988）。哲薩瓦拉最後的結論是，某一些資訊產業中的工業的確可以提升工業產量，並且帶動就業率的成長。

我們針對某些國家所作的分析，得到了與哲薩瓦拉同樣的結果。在像泰國和印尼這樣的國家，雖然它的資訊勞動人口比例不算大，在一九七〇年代，卻每年都有 8 ％左右的經濟成長。另方面，資訊勞動人口比例很高、比美中等收入國家的埃及，經濟成長率卻無法達到相同的程度。卡茲（Katz, 1988）認為這是因為埃及政府已經成為資訊勞動人口最大的雇主；其中固然有部分員工在從事醫療健康服務和各種社會服務工作，也有部分員工純粹是為了政治的原因而被雇用，他們的工作不會生產任何成品，因此對經濟成長也就不會有太大貢獻。這種現象我們在一些其他的開發中國家——尤其是共產國家——也可以看到：政府為了解決失業、或是其他的目的雇用了大批工作人員，結果卻造成低落的效率。

三、資訊產業對國內生產毛額及國民所得的貢獻

由埃及的例子，我們已經知道資訊勞動人口的成長並不一定導致經濟成長；另外兩個指標：資訊產業對國內生產毛額和工業生產力的貢獻

也必須一併列入考慮，才能讓我們對資訊產業和經濟成長的關係有更清楚的了解。

由高收入國家的例子來看，資訊產業不但有助於國內生產毛額，而且幫助還相當不小；附錄 B、表 8 所列的資料顯示，資訊產業的產值在一九八〇年平均佔了高收入國家國內生產毛額的43%，但是到了一九八八年，這個數字已經增加到65%，也就是在八年裡頭增加了51%之多。一些被認為資訊化最快的國家，例如美國、日本、德國和加拿大資訊產業所佔國內生產毛額的比例，也比較其他資訊化落後的國家大得多。

在中等收入國家，資訊產業產值在國內生產毛額所佔的比例就明顯的比高收入國家低了許多，不過仍然可觀。以韓國為例，一九八〇年資訊產業僅僅佔了國內生產毛額的14.6%，到了一九八八年，這個數字已經加了 1 倍，達到 29.4 %。在中等收入國家裡，唯一的例外是委內瑞拉，資訊產值在國內生產毛額所佔的比例，竟然反其道而行，由一九八〇年的37.2%降到了一九八八年的27.3%。而在大多數的低收入國家，這個數字多年以來幾乎都沒有改變。

由上面的統計，我們可以得知在三組收入高低不同的國家裡，資訊產業所佔的比例、以及這個比例所增加的速度都不一樣。造成這種差別的原因可能是多重的。要使資訊產業發揮功效，基本的上層結構必須完善：大眾傳播媒介、電訊網路與資訊設備必須普及化，至少也要能夠供給製造業或提供可輸出產品與服務的產業——也就是那些有能力貢獻國內生產毛額的產業——作有效的使用。因此當我們分析資訊產業對製造業生產力的貢獻時，我們不能不考慮到資訊產業中的勞動人口究竟都在從事什麼性質的工作，工人的教育程度，以及受高等教育的學生在同年齡人口中所佔的比例，也就是我們前面所談到的那一些指標。

因此資訊產業的大小固然重要，它的生產力一樣也不能忽視。鍾許而（Jonschur, 1983）曾經追蹤資訊勞工的生產力，同時經由計量經濟

的方法，嘗試預測未來資訊產業大小的變化。鍾許而認爲，基本上經濟活動可以視爲是一種生產和處理資訊的工作。由歷史上來看，白領工作者（包括資訊工作者）生產力增加的速度，要比從事製造業的藍領工作者慢很多。但是當製造業開始電腦化，運用機器人生產、電腦控制管理之後，更快的生產速度和更複雜的過程便需要有訓練的管理人才來處理協調與監控的工作，這也就是一種資訊工作。但是當資訊科技的應用更上一層樓時，生產量會繼續提升，但是過程中處理資訊工作的人數不再增加，甚至逐漸減少。經由計量經濟的方法，鍾許而預測資訊勞動人口不會無限量的增加；到某一個地步時，它將遭遇到一堵牆而停滯下來。他預測美國的這堵牆將在資訊人口比例到達總勞動人口的一半時出現。

　　另一爲學者佛許（Voge, 1983），則經由不同的方法得到了相同的結論。根據他的觀察，資訊產業的主要功能是「組織和管理社會經濟體系」。生產力是由生產成本和組織成本之間的差別來測量的。佛許發現，自從一九〇〇年起，每一回勞工的生產力增加10％，花在資訊或是管理組織上的經費就會增加20％。當組織管理的支出接近國民生產毛額的一半時，生產力就會停滯不前，也好似遭遇到一堵「牆」。實際的統計數字似乎證實了佛許的理論；當資訊勞動人口超過總勞動人口的40％，資訊產業對經濟生產力的貢獻就會開始下降。導致這個現象的原因是，經由設備現代化所提高的生產力並不足以抵銷隨著資訊化、電腦化而來的訓練、研究和管理的費用。據估計，美國在一九六〇年代中期、歐洲在一九七〇年代達到了這個階段。

　　鍾許而和佛許都是以數學分析的方式、由過去的資料中提出了他們的預測。但是即使在現代，我們仍可以找到一些支持他們論點的證據，紐西蘭的金融和銀行業就是一個例子（Dordick, 1987, pp. 101-103）。它的資訊勞動人口在一九八〇年佔了總勞動人口的35％，到了一九八四年，上升到40％。在同一時期，銀行和金融業的每人平均產出值卻直線

下降。特別值得注意的是，就在此之前的十年當中，紐西蘭的銀行和金融界都投資了大筆經費從事資訊化的工作。

美國的服務業也有同樣的情況發生。一九七〇年代初期開始，服務業約投下了 600 萬億到 800 萬億美元在電腦和電信的硬體設備上面。然而它的生產力成長率卻由一九四七年到一九七三年的 2.4％降到一九七三年到一九八一年的 0.5％。由一九八二年到一九八五年，情況稍有好轉；每一年的生產力確實增加了 0.7％，但是這個數字和同期製造業的 4％相比，仍然失色不少（*The New York Times,* 1987）。

僅就生產力的數值來看，美國製造業的情況要比服務業樂觀，不過仔細的分析之後，其實相去不遠。以一九八七年而言，全年在電腦和生產控制設備上面的花費高達 170 億美元之多。這麼大手筆投資的結果是，一九八〇年代製造業的生產力成長了 3.5％，比一九七三到一九七九年的 1.4％高了一倍，但是如果我們逐年檢視，則會發現成長的比例在一九八三年已經達到 5％的最高點；一九八八年，成長率又降到 3％（Pennar, 1988）。

四、資訊產業對製造業生產力的貢獻

很明顯的，我們需要更詳細了解資訊產業對製造業的貢獻。以下是我們利用現有資料所作的整體性的分析。

由於工業化的結果，目前大多數國家中，都是由製造業佔據了最大比例的國家總生產毛額。例如在美國，製造業仍佔國家生產毛額的60％以上。不過無論在先進國家或開發中國家，資訊勞動人口都持續成長，而且超過了製造業和服務業的勞動人口。例如在美國，資訊勞動人口的比例已經超過了總勞動人口的一半，日本與新加坡也非常接近一半。其中尤其是新加坡，由於它城市國家的特色，農業和工業原本就比較缺乏發

展的空間，經濟活動大多是依靠轉口貿易的發展。不過由於各個國家常對資訊和服務業勞動人口的定義不同，我們不能拿這些資料來詳細比較國家之間的差異; 不過它卻能幫助我們了解一個國家本身資訊化的進展。

爲了計算方便， 我們將 國際勞 工聯盟 （International Labour Organization） 所出版的 《勞工統計年鑑》 （*Yearbook of Labour Statistics*） 中所列的四類職業，歸爲資訊類工作:

第一類: 專業、技術和相關的職業;

第二類: 管理、技術和相關的職業;

第三類: 文書和相關的工作;

第四類: 銷售、販賣工作。

當我們將這種方法所得的結果與波拉特 （Porat） 等人所得的結果相比較，誤差大約是在± 4 ％左右。卡茲 （Katz， 1988, pp. 141-147） 的研究只用了前面三個類別的職業，但是誤差也不過是維持在 3.5％和6.5％之間。

我們用了以下的數字來代表製造業的生產力: 製造業勞動人口的產出在所有勞動人口產出中所佔的比例❶（*Yearbook of Labour Statistics, The World Development Report*） 。按照理論的推測，資訊產業經由它的資訊上層結構，提供了製造業更有效的協調與管理，因此也提高了它的生產力。

表6-1a和表6-1b顯示了一九八〇和一九八五兩年當中，資訊勞動人口和製造業生產力在日本 、美國 、韓國和四個東南亞國協（ASEAN）國家中的關係。正如我們所料，製造業生產力和資訊業勞動人口大致上呈現了正相關; 也就是製造業的高生產力往往伴隨著龐大的資訊勞動人口。事實上， 資訊勞動人口不但隨製造業的生產力增加， 而且增加速

---

❶ 資料來源包括《勞工統計年鑑》和《世界銀行出版的發展報告》 （*World Development Report*） 。

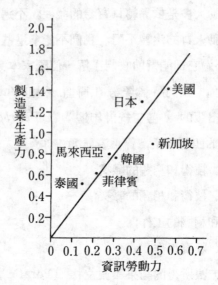

圖 6-1a 製造業生產力 VS. 資訊勞動力 (1980)

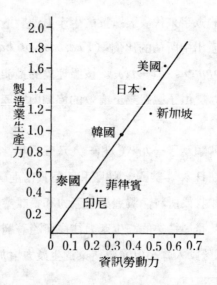

圖 6-1b 製造業生產力 VS. 資訊勞動力 (1985)

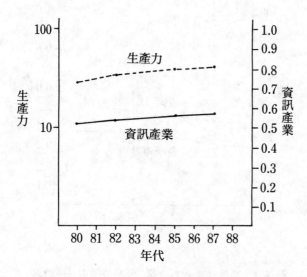

圖 6-2　製造業生產力 VS. 資訊勞動力──美國

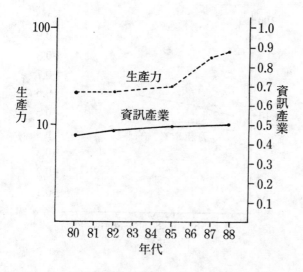

圖 6-3　製造業生產力 VS. 資訊勞動力──日本

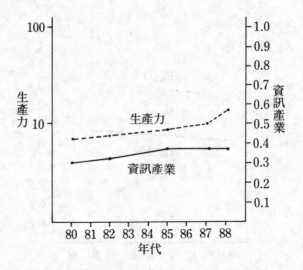

圖 6-4 製造業生產力 VS. 資訊勞動力——韓國

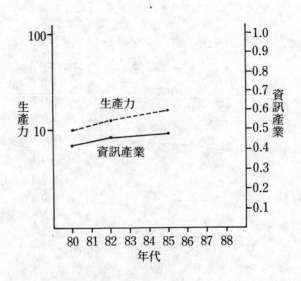

圖 6-5 製造業生產力 VS. 資訊勞動力——新加坡

度幾乎是製造業生產力增加速度的一倍，　這表示巴金遜（Parkinson, 1980）的發現，也就是一個國家資訊產業和國家生產毛額成長率的正相關，是確實的。他認爲最終，資訊勞動人口的增加將不會再引導生產力的增加。

由附錄 B、表 9 當中，我們可以由美國在一九八○到一九八九年的發展，得到上述說法的證據。由一九八○年起，美國的資訊勞動人口就已經佔據了總勞動人口的一半以上，雖然後來資訊勞動人口不斷增加，它對製造業生產力的貢獻卻呈現停滯的狀況（圖6-2）。

圖 6-3 是日本的資料，但是結果卻截然不同。由一九八二年開始，資訊勞動人口只增加了非常有限的比例，製造業生產力卻快速起飛，尤其是在一九八五年到一九八八年之間（附錄 B、表 9 有更詳細的資料）。

圖 6-4 是有關韓國的資料，結果與日本比較相近；一九八五到一九八八之間，資訊勞動人口有小幅度成長，但是製造業的生產力卻大幅提升，尤其是一九八七與一九八八的兩年之間，成長尤其明顯（詳細資料請見附錄 B、表 9）。

以下是資訊勞動人口和製造業生產力在五個東協國家的情況。新加坡和日本的情形大致相似（圖 6-5）：資訊勞動人口小幅成長和製造業生產力大幅增加（詳見附錄 B、表 9）。

在被列爲低收入國家的泰國，資訊勞動人口在一九八○到一九八二年當中有些增加，　製造業生產力卻呈下降趨勢，　稍後生產力有小幅上升，不過資訊勞動人口並沒有變化（見附錄 B、表 9）。造成這個現象的原因，可能是泰國曾經在一九八○到一九八二年當中，在培養政府資訊和社會服務工作者上面投資了不少經費；當經濟情況在一九八二年漸有起色之後，這些工作人員就離開政府，加入了民間企業。

馬來西亞在一九八○年代中期，仿效新加坡，開始了大規模的資訊化計畫。然而由附錄 B、表 9 中，卻看不出這些努力的成效；資訊勞動

人口對製造業生產力的貢獻幾乎一直呈現停滯、甚至於下跌的趨勢。或許我們必須針對每一種工業作個別的分析，才能得到比較清楚的答案。

最後，值得注意的是在印尼和菲律賓；資訊勞動人口是增加了，製造業的生產力卻下降。原因很可能與埃及類似：大多數的資訊勞動人口都是政府的公務員，從事文書和社會服務的工作，而這些人員在一九八二到一九八五年當中顯然有過度增加的趨勢。在菲律賓，一九八二到一九八五的幾年當中，生產力有明顯衰退的趨勢，這很可能是馬可仕時代，政治經濟局勢動盪所造成的結果。

在高收入的工業國家，資訊產業與製造業生產力、以及資訊產業成長率與國內平均所得都有密切的關係。在中等收入國家，這種關係就比較弱了；在中低收入國家和低收入國家，則情勢每下愈況。造成這種結果的原因有歷史性的、也有結構性的因素。有人就指出，高收入國家在還沒有大規模採用資訊設備之前，就已經享有高度的工業生產力。新加坡只是一個特殊的例子；它利用資訊化的機會，充分發揮了地理上的優勢，轉變為國際貿易、和電信通訊的中心。

在中等收入國家裡，臺灣和韓國這兩條亞洲小龍的情況也不具有代表性。它們資訊化的主要動機是為了恢復在一九七○和一九八○年代的工業能量。與其它國家相同的，是中韓兩國在資訊化的起步上都比先進國家為晚，但是卻充分利用了資訊科技和現代化電訊網路的優點。在一九七○年代初期，當工業能量還沒有辦法容納大量就業人口時，政府提供的就業機會使政治安定與經濟穩定得以維持。但是另一方面，這種作法延遲了勞動人口轉移到資訊產業去，同時降低了資訊產業的生產力。這也是我們在許多其他中等收入國家所觀察到的現象。

在低收入國家中，我們經常發現有大多數的資訊勞動人口都是政府的公務員。這樣作解決了為貧苦階層提供健康保健與社會福利的政治問題，同時也得以發展上層結構。這也是為什麼在許多低收入國家中，

資訊勞動人口都超過了總勞動人口的 1/5。其中最為突出的例子仍是埃及；在一九八八年，它的勞動人口當中有1/3 的都可以歸類為資訊勞動人口。不過正如我們所預料的，無論是埃及資訊勞動人口對製造業生產力的貢獻、或是它和國內生產毛額的關係都很微弱。只有在泰國，資訊勞動人口對製造業生產力和國內生產毛額的貢獻都有上升的趨勢。

五、服務業

許多經濟學家和觀察家都注意到，在資訊科技上的投資，往往對製造業和服務業的生產力有不同的影響。首先，測量服務業生產力的方法本身就是一個問題。以銀行為例，交易生產力與資訊生產力之間應該如何區分就是一個問題。銀行人員常常會很驕傲的宣布，過去他們要花八個小時才能完成的交易，現在只要五個小時就可以完成，但是另一方面，每一個職員所完成的交易量並沒有明顯的增加。在百貨公司，收銀機和控制倉儲的電腦連線之後，倉儲的掌控和管理效率增加了，但是「我們的推銷員卻忘了如何推銷」（見Dordick, 1987; Dordick and Dordick, 1989）。

一九八八年，美國國家科學研究院 （National Academy of Sciences）的一項研究報告指出，以一九七三到一九七九年期間，和一九七九到一九八五年期間相比，美國的製造業生產力雖然因為引入資訊科技而增加了 2.5倍，服務業的生產力卻反而下降了 0.3%。至於使用資訊科技最多的傳播事業，生產力成長也呈現遲緩的現象；比較同樣兩個時期，只成長了0.4% （Roach, 1988）。

還有另外有關美國生產力成長與資訊科技投資的一個研究，也得到相同的結果。這個研究發現，雖然已經快速的引用資訊科技和現代化的電訊傳輸網路，美國商業服務、金融、保險、和產品銷售工業與製造業

的生產力成長率，仍呈現遲滯的現象（Dordick and Dordick, 1989）。不但如此，蘇聯解體之前，美國雖然擁有世界上第二大比例的科學家和工程師，美國發明家在一九七二到一九七九年當中所得到的專利權卻直線下降； 這個情況雖然在一九八一年稍有好轉， 一九八二年又再度下降，之後幾年才慢慢恢復。但是自從一九八六年以來，日本和德國所得到的專利權卻穩定成長。

影響資訊勞動人口對製造業生產力貢獻的因素很多，其中識字率和一般人的教育程度也是重要的指標，我們將在下一章討論。

六、生產力的矛盾

由上述資料來看，資訊化似乎可以促成經濟發展。但是資訊化並不是經濟成長的唯一決定因素。我們由資訊化在不同國家所造成的不同結果，可以得到充分的證明。在高收入國家，決定資訊化程度的指標似乎也和經濟成長相關；然而在低收入國家，資訊產業的影響不但不明顯，也看不出有帶動經濟成長的趨勢。事實上，這些國家購買資訊科技和電信器材往往導致外債增加。

觀察現代經濟發展趨勢的人，常常為資訊科技被快速接受和生產力緩慢的提升而感到困惑難解。何況我們往往並不能在生產力的經濟統計數字當中，看到資訊科技的戲劇性發展。戴維德（Paul David）指出，這並不是一個新奇的事情； 在十八世紀的觀察 家也可能說 發電機的影響「除了在經濟統計數字當中， 哪都看得見」， 正如索羅（ Robert Solow） 所說的， 「 除了在經濟統計數字當中， 電腦的影響哪都看得見」（David, 1989; Bailey and Gordon, 1980; Roach, 1983）。

經濟合作開發組織（OECD）的一份研究報告指出，工業國家雖然為自己培植了前所未有的、強大的科技能力，科技變遷所帶來的影響在

日常生活中也明顯可見，這些國家也開始感覺要把這些能量轉變為可以測量的生產力，似乎已經是越來越困難了（OECD, CSTP計畫, 1989, p. 1）。

由統計數字上看，資訊科技確實沒有帶來太大的好處，不過我們也不能忽視一件事實，就是任何組織都需要一段時間才能適應資訊科技所帶來的改變；人員需要經過培訓才能熟練的、有效率的運用科技，何況有的時候要有效運用科技，組織結構也必須跟著改變。戴維德就曾經指出，發電機所帶來的生產力成長，幾乎在半個世紀之後才達到最高點。組織的改變，和因發電機而必須不斷改進的工作習慣，都需要對工作人員做持續的訓練和再訓練。在社會的層面，要使發電機有廣泛的影響，就要有廣泛的使用，而這方面的發展常常並不均衡，就是在同一個電廠所涵蓋的範圍組織內也是如此。當然我們更不能忽視經濟的一般狀況。

對於資訊科技，也許我們可以應用同樣的邏輯，只不過電腦和發電機之間還是有相當大的差別，這是我們所不能忽視的。當資訊科技被一個人、或一個公司所擁有時，它可能具有經濟的價值，但是那也要看是什麼性質的資訊科技、它對擁有者又有什麼功能與意義。何況現在的資訊科技不但種類繁多，而且功能複雜，即使是已經具備電腦素養的人，也未必能輕易上手。對於資訊科技究竟能有多大貢獻的問題，或許我們期望太多、也太快了一點。

七、測量的問題

測量生產力是一件佈滿了陷阱的工作。雖然遭遇不少困難，這一章我們還是使用了經過整合的數據來測量生產力。日後所需要的，是使用更精確的資料來測量某一個特定工業、或特定組織的生產力，例如金融和銀行業。然而由於沒有「產品」可以出售，所以無論在這些、或其他

的服務性行業，產出（output）都還是一個難以測量的對象。在美國，政府和非營利性機構的經費佔去了國內生產毛額的15%，它所提供的服務大多是免費、或是非常便宜的，因此很難以金錢來測量它的生產力；此外，在金融、保險和房地產業，也沒有可供衡量產出的單位。爲了解決這個問題，美國聯邦政府將產出的價值以生產的成本來計算。也就是說，如果政府要花費 1 億元提供勞工保險，則勞工保險的產出就值 1 億元。但是這樣又有另外一個問題；潘可（Panko, 1990）就指出，當產出和輸入以同樣的速率在成長的時候，不管眞正的情況如何，成長率將永遠是零。

八、有錢的和貧窮的差距

我們所觀察的工業國家在一九八〇年代大致情況良好，維持了中度到高度的成長：產出相對而言很高，失業率下降，通貨膨脹在控制之下，貿易在擴張之中；由於一九七〇年代資訊科技和電訊科技快速成長，大多已經超越了資訊化的初步障礙，資訊產業的上層結構發展和高等教育人口比例增加都提升了生產力和經濟成長。但是在一九九〇年代，美國和其他工業國家的成長轉緩，失業率上升，現在連先進國家中最具競爭實力的日本，也開始展現疲態。在未來的幾年當中，這些國家已經不太可能恢復它們在一九八〇年代的成長速度。無可置疑的是，在至少短期內它們會繼續主導世界的經濟體系。

在東歐，政治上的歷史性轉變對經濟發展而言是個好消息。一旦政治穩定、經濟重建，東歐國家將可能出現有如德國和其他共同市場國家一樣的，社會民主路線的政權。對它們資訊化前景有利的是一個可以訓練專業人才和技術勞工的教育體制。至於我們所觀察的中等收入國家，尤其是亞洲的幾條小龍：臺灣、韓國和馬來西亞，不但維持穩定的成

長，而且可望成為高收入國家的競爭對手。緊緊跟隨在後的是拉丁美洲國家，包括委內瑞拉、哥斯達黎加和巴西。

一九八〇年代對於第三世界國家而言，也不是太壞的時期。即使是最貧窮的非洲撒哈拉地區國家也在一九八九年成就了十年以來最大規模的成長。而中國大陸經濟力量的迅速擴展，更是令人矚目。一般而言，無論是資訊上層結構、識字率和高等教育人口比例都有上升。但是大多數開發中國家人口增加的速度還是很快，使得國民平均收入並沒有什麼改善；就算是最富有的開發中國家，成長率也在下降。此外，政治不穩定也影響了製造業的生產力、以及資訊產業對國家生產毛額的貢獻。非律賓的例子尤其明顯。

到了一九九〇年代中，情況又有改變。先進國家的經濟雖然逐漸好轉，但是經濟成長的速度卻開始落後開發中國家。以一九九三年為例，日本的國內平均所得只成長了 0.1％。雖然日本可能是個比較極端的例子，但是就已開發國家整體表現來看，一九九三年的國內平均所得也只成長了 1％，而同年開發中國家的成長率卻是 5％，這其中尤其以亞洲的中國大陸、泰國、馬來西亞、新加坡及越南的成長最為搶眼（Asian Development Bank Annual Report, 1993）。

近年來上述幾個開發中國家的發展令人鼓舞，但事實上第三世界要迎頭趕上還有相當長的一段路要走。到一九九〇年，世界上約有 10 億人的收入在世界銀行所定義的貧窮線下：每年收入 370 美元（World Bank, 1990）。雖然聯合國工業發展組織（United Nations Industrial Development Organization）積極努力，希望在公元二〇〇〇年之前能提高發展中國家在全球工業產品所佔的比例到 1/4，並提供每年 200 億美元的援助經費，到一九八八年為止，開發中國家所佔的全球工業產值不過是13.8％（中國大陸除外），只比一九七〇年多了 3.8％。不論它們在資訊化方面的努力如何，開發中國家歷年在國際貿易中所佔的比例很

少超過 20％（Handbook of International Trade and Development Statistics, 1992）。

很明顯的，資訊化需要長期在人才、經營和設備上投注成本，但是低收入國家沒有這樣的資源可供利用。我們在第八章會進一步討論資訊化的挑戰是否拉大國與國之間差距的問題。

第七章　資訊科技與社會變遷：上層結構與經濟成長之外

一、資訊生產與消費

　　增田米二認為，資訊社會的原動力是在資訊的生產與消費，而要生產與消費資訊，資訊科技與電訊網路又是不可或缺的。但是由另一個角度來看，擁有資訊科技與電信網路並不代表社會中的每一個人都必然可以輕易得到資訊，也不代表資訊必然大量流通，因此資訊流通的情形就成為我們了解社會資訊化程度的另外一個重要的指標。

　　雖然許多人對於日本所發展出來的測量方法有疑問，但是我們不妨來看一看運用他們的方法所測量出來的結果究竟如何。根據日本所發表的《電訊事業白皮書》(*Telecommunications White Paper*, 1990)，在一九七五和一九八四之間，經由電訊網路，大眾傳播媒介，郵政服務和面對面溝通所生產的資訊增加了一倍之多。圖 7-1 顯示由電訊網路和電子媒介比其他的方式所產生的資訊都多，佔了總成長量的 98%。相對於資訊生產量的大量增加，同一時期日本的資訊消費量卻成長得緩慢的多。尤其引人注意的，是一般人使用電訊與電子媒介資訊數量增加的速度，遠不及這兩種媒介生產資訊的速度來得快；也就是說，就這兩種媒介而言，消費趕不上生產。事實上，由一九八二年到一九八○年代中期，這兩種媒介資訊消費量的成長速度已經落在印刷媒介與郵件的後面。印刷媒介與郵件的資訊生產量雖然並不驚人，資訊消費量卻在一九

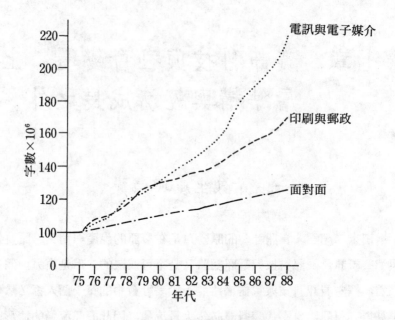

圖 **7-1** 日本的資訊生產

來源：《電訊事業白皮書》(*Telecommunications White Paper*)，東京，
郵政電訊管理局，1990。

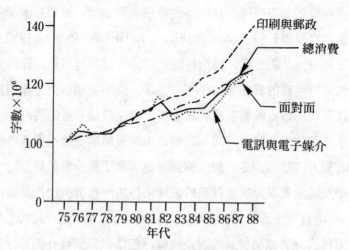

圖 **7-2** 日本的資訊消費

來源：《電訊事業白皮書》，東京，郵政電訊管理局，1990。

八〇年代有穩定的成長。

　　如果我們就每一種媒介資訊被消費的情況來看，當然還是電訊與電子媒介的天下。以一九八八年爲例，在日本的資訊消費總量當中，電訊與電子媒介資訊就佔了 62.2%，其次是面對面溝通，佔了 34.1%（圖7-1）。值得我們特別注意的是面對面溝通所產生的資訊量不過佔了資訊總產量的 3.7%（圖 7-2），但是它的資訊消費量卻佔了總消費量的1/3 強。隨著新媒介的快速成長，閱聽人的選擇多了，但是不同傳播方式的資訊生產與消費比例也必然會越差越大。雖然由上面的數字來看，日本這幾年資訊的生產與消費都有顯著的成長，取得資訊的價格也日益下降，但是日本的電信與經濟研究所（RITE）卻發現一般日本家庭中，花費在資訊上的支出與實際資訊的應用並沒有太大的改變。由於半導體的價格大幅下降，家庭中的資訊設備倒是增加了不少。

　　日本的情況是如此，其他的國家又如何？普爾（Pool, et al., 1984）和他的同事曾在美國做了同樣的研究，以便和日本的情況比較（圖7-3）。如果以字數計算，他們發現在一九六〇到一九八〇年的二十年當中，美國和日本的資訊生產量比消費量成長的速度快了 2.5 倍。比較兩國，美國的資訊生產量雖然比日本將近多出10倍，資訊消費量的差別卻相當有限，而且差別有縮小的趨勢。以美國爲例，二十年間它的資訊供給量以每年 8.8％的比例成長，幾乎比同一時期的國民生產總額的成長率 3.7％要高出一倍，這個情況反映了美國人聽收音機與看電視的習慣。有趣的是，在美國，看電視可能減少了一般人聽收音機的時間，但是電視在日本卻造成更大的影響。普爾認爲，美國的資訊消費量在一九七〇年代中期較低的原因，很可能是電視收視率已經停止成長所造成的。在同一時間日本還沒有發生同樣的現象，但是很可能在一九七〇年代末期會出現（Pool, et al., 1984）。

　　到目前爲止，除了日本和美國，似乎還沒有其它的國家做過同樣的

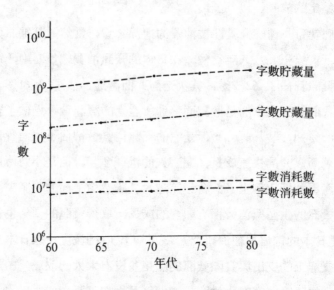

圖 7-3　平均貯藏量與消耗數

來源：《傳播流量》（*Communication Flows*）：由 Pool 等人在日本與
　　　美國所做之普查，東京，東京大學印行，1984。

研究。但是由於這兩個國家資訊化的程度相當高，我們也可以由研究所
得的結果，看出其它國家在到達同樣資訊化程度時，所可能面臨的情
況。首先，非常肯定的一點是，由於在資訊社會中，有越來越多的人從
事資訊相關的工作，資訊科技可以提供處理、儲存與傳送的資訊量也越
來越大，生產與消費的差距也必然會日益擴大。接下來的問題是，這樣
的成長到底有沒有停止的一天？在還不是太久以前，美國的聯邦傳播委
員會（Federal Communications Commission）曾經考慮停止發出通
信衛星的執照，理由是可用的頻道與轉頻器已經太多了。同樣的，也有
人認為有線電視的頻道數不需要超過三十；因為一般的觀眾大多是由不
超過八個頻道中選擇他們要看的節目。然而今天，衛星的轉頻器和有線
電視頻道的數目都不斷在增加，所有的頻道都客滿，印刷媒介的情況也
沒有兩樣。當生產與傳送資訊的價格不斷下降，生產資訊的速度似乎就

不會有放慢的趨勢。然而對一個人來說，時間總是有限的，一天之中，他可以用來讀書、看電視、聽音樂、和別人說話、看信的時間不可能無限制的增加。再說，生產資訊的速度可以非常快，但是消費資訊的速度卻快不了。過去風行一時的速讀與睡眠記憶法始終沒有成為每人必備的技能，就證明這些方法還是有它們的極限。人類雖然發明了電腦來幫忙處理與傳送資訊，消費資訊卻終究還是人類自己的事情。結果資訊太多，引起了所謂「資訊爆炸」的問題。

根據科學家的估計，自從有人類文明的二千五百年以來，世界人口約增加了100倍，然而人類資訊量卻增加了 10 萬倍（Pelton, 1984）。不但如此，資訊量增加的速度有增無減；如果我們把全世界出版的書籍、資料、製作的影視產品算在一起，則人類所生產的資訊量約每十年就增加 1 倍，而這還是在信號壓縮這些容許資訊大量傳輸的科技出現之前的估計!

面對大量資訊，就是動物也無法適應。早在一九三〇年代，兩位社會科學家拉查斯斐（Paul Lazarsfeld）及墨頓（Robert Merton）就曾經發現小白鼠在受到過多資訊刺激之後，首先會出現易怒的情形，繼而失去食慾及性慾，最終死亡。近年來日本學者也對人類接受資訊的能力做了長期的觀察。屬於高等動物的人類顯然比小白鼠更能處理資訊過多的問題，他們對於不同種類的資訊有不同的處理方式；有一些是必須積極尋求的、另一些則被動接收，當然也有大多數是完全浪費了（Pelton, 1984）。值得安慰的是，到目前為止，科學家還沒有發現人類有因為資訊過多而錯亂的情況；只是要作一個全知全能的人是越來越困難了。據估計，在古老的希臘時代，一個人可能掌握人類所有資訊的 2 %、甚至 3 %。但是如今一個現代人能掌握 1 ％的 1 ‰，就已經很了不起了。

既然科技只會使資訊增加的速度更快，則惟一可以調節資訊產量的機制就只有市場需求了。市場需求不但反映人們是否懂得利用資訊，也

反映他們是否能有效利用資訊。由於使用資訊的能力與一個人的教育背景直接相關，以下我們就來看一看教育和資訊的關係。

二、識字率

　　資訊可以以很多不同的方式來表現，例如文字、靜態的圖畫、影像，甚至於聲音與音樂，但是要眞正有效利用資訊，識字的能力幾乎是不可或缺的。再說，資訊社會中所強調的專業化分工也必須要有專業化的訓練爲前提，這些都和一個社會中人口的教育程度有密切的關係。換句話說，人口的平均識字率和教育程度應該和社會的發展相關。

　　識字率的資料雖然重要，但是很遺憾的是這方面的統計數字卻非常零散。除了聯合國教科文組織在一九七○和一九八五年所作的兩次普查之外，幾乎沒有其它的資料可以參考，而且在越是落後的國家，這方面的資料也往往越爲缺乏。除此之外，多語國家資料收集的困難，也使得情況更爲複雜；例如新加坡通行英語、馬來語及華語。官方指定國語是首要語文，英文爲次，但是識字率資料僅僅考慮國語，就不能算周詳。

　　如果我們勉強將就現有的資料來看，前述的推論仍然可以得到支持；幾乎每一個高收入國家都有近100％的識字率；唯一的例外是新加坡。但是在開發中國家，差別就大了很多。以中等收入的拉丁美洲國家哥斯達黎加爲例，它的識字率有93％，比身爲已開發國家的新加坡還要高近10個百分點。在一九八五年，中等收入國家的平均在80％左右。其中亞洲四小龍的平均識字率都不低，韓國有92％，臺灣有95％是這一組國家中最高的。但是就世界上最窮的第三世界國家來看，它們的平均識字率只有30％，也就是說在這些國家裡，10個人當中就有7個文盲。以印度爲例，它只有44％的識字率，這個數字在開發中國家算是高的，然而因爲它的人口總數龐大，所以文盲的數目也十分可觀。根據聯合國教

科文組織的統計，世界一半以上（55％）的文盲就集中在兩個亞洲國家：印度和中國大陸（UNESCO, 1988, p. 17）。

對很多國家來說，提高識字率是重要的施政目標。由於各國的努力，由一九七〇到一九八五年的十五年當中，世界平均識字率由63％提高到73％，可以說是一個很大的改進，尤其我們不能忘記在同一時期，世界人口整整增加了30％，使得需要受教育的人口總數大為增加。不過在這個樂觀發展的背後，也有令人憂心的地方，就是識字率增加最多的不是識字率低的第三世界國家，反而是本來就已經相當高的高收入國家：它們的識字率由一九七〇年的72％增加到一九八五年的87％，增加了15個百分點。相較之下，同一時期中等收入國家的識字率只增加了1.5％，由一九七〇年的71.5％增加到一九八五年的73％；低收入國家則稍為好一點，由30％增加到44％。

值得注意的是，有的國家國民生產毛額雖然不高，卻有很高的識字率。例如排名接近低收入國家的泰國和菲律賓，識字率都有85％以上，高識字率雖然有助於資訊化工作的推行，然而如果教育不能和社會發展的需求配合，則只會造成資源的浪費，未必是可喜的現象。

三、高等教育

識字率多年來一直被用來作為基本教育的指標。但是在一個資訊社會裡，高識字率並不足以確保勞動人口的品質，也不代表一般人使用資訊的能力、或是重視資訊的程度。高等教育對一般人接觸、使用資訊的影響在民國七十七年間所作的一項研究中得到了充分的證明（鍾蔚文、汪琪、沈清松，1988）。

這個以臺灣省四個地區，包括臺北市大安區和高雄市新興區兩個都會區，和臺北縣土城鄉、高雄縣茄定鄉兩個鄉村地區的調查共訪問了

758 名居民，詢問他們使用大眾傳播媒介、主動尋求資訊和認識新媒介的狀況。受訪者當中只有 7.4％說他們不識字，一般使用大眾傳播媒介的情況也相當普遍，有六成以上經常、或每天看電視，另外有86％說他們每天看報紙，但是另方面從不看雜誌、買書籍的人卻佔了一半以上，而很少上圖書館的人竟然超過九成。由此可見，識字並不代表具有尋求資訊的興趣或意願。

對資訊缺乏興趣的原因可能很多，包括性別、年齡、職業、收入、教育程度和居住地。這次調查發現，每一個地區中受教育程度高，從事白領階級專業性工作，年齡較輕，並且居住在都市的受訪者比較會主動尋求資訊。但是如果我們仔細分析每一個地區人口分布的情況就可以了解，教育實在是所有因素中最重要的一項。只要一個人受過很高的教育，則不論他是從事什麼工作，住在什麼地方，都會保持尋求資訊的習慣；相對的，如果一個人沒有受過太多教育，即使我們把他安置在圖書館旁邊，他也未必會去找一本書來看。

教育程度不但影響人們找，或不找資訊，也影響他們接觸媒介的習慣。由表 7-1 當中我們可以很清楚的看到差別所在：所有媒介當中，以使用電視、廣播等電子媒介上的差別較小；受過大學教育的受訪者接觸電子媒介的頻率還不如高中程度的受訪者高。但是在主動找資訊和使用印刷媒介方面，則差別明顯擴大；主動尋求資訊方面，以高中和國中程度的落差最大，而使用印刷媒介，則以國中和小學的差別最大。

教育程度的重要性在民國八十三年完成的另一國科會計劃中得到了證實。這一個計劃在三個都市化程度不同的地區：臺北新莊、新竹湖口以及屏東市訪問了四百多名受訪者，結果發現教育程度不但與媒介行為有密切關連，而且與他們對於「資訊」這一個概念的了解，他們在日常生活中遭遇問題時是否會尋找資訊、以至於他們認知圖像中「資訊」與自我之間的距離感，都有顯著的關係。換言之，受教育越多的人越了解

什麼是資訊，越習慣於尋找與使用資訊，也越感覺資訊與他們的親近（汪琪、吳翠珍及陳百齡，民國八十三年）。

　　高等教育對資訊行為既然有重要的影響，也就難怪日本的資訊指標（Johoka Index）要將高等教育學生佔同年齡人口的比例列入考慮。根據聯合國教科文組織的統計，高收入國家的大學生比例在一九八七年達到了30%，但是中等收入國家只有一半，也就是15%，而低收入國家的情況就更為不堪；他們的大學生人口只佔同年齡人口的 1.5%，是中等收入國家的 1/10。有趣的是，兩個資訊化程度都很高的國家，日本和美國，在這方面的差別還不小；以一九八五年，也是資料齊全的一年來看，日本的大學生人口是同年齡人口的28%，在美國，這個比例是60%。

表 7-1　教育程度與各種資訊行為之間的關係

	一般資訊行為	主動資訊行為	印刷媒介	電子媒介
大　　　　專	60.0	52.0	79.4	50.2
高　　　　中	56.3	42.3	69.8	52.0
國　　　　中	53.2	28.3	50.1	45.3
小 學 或 以 下	41.9	20.0	25.1	33.7

註：各組之間有顯著差異（P <.05）資料來源：鍾蔚文、汪琪、沈清松。《臺灣地區資訊化歷程之研究》，國科會專題計畫報告，民國七十八年。

　　同時值得我們注意的是幾個亞洲國家的比例也相當高，與高收入國家相差無幾。一九八九年韓國的大學生人口比例已經達到36.7%，遠超過高收入國家的平均比例。此外菲律賓仍然是個異數，雖然它的經濟實力遠不及韓國，它的大學生人口比例卻有38%之多。相較之下，臺灣的大學教育雖然也頗具規模，但是大學的門顯然要比上述兩個國家為窄；截至民國八十一年止，臺灣的大專學生人數只佔同年齡人口的17.6%，

相當接近中等收入國家的平均數。

四、資訊化的影響

正如一個社會的經濟活動與資訊化的程度相互影響，教育與社會的因素影響資訊化，但同時也受資訊化影響。

教育

早在一九七〇年代，電腦剛嶄露頭角，教育界便看到了它在教學上的價值。一九八八年，國際資訊處理聯盟（International Federation for Information Processing, IDIP）便條列了五點理由，說明爲什麼教學應該用電腦:

1.電腦可以將教學個人化，使老師能更 有效的應付學 生的個別差異。只要有適當的軟體，學生可以成爲自動自發的學習者。

2.電腦可以使教學更有效果。它可以根據學生過去的學習記錄，選擇最適合的學習途徑，同時監督每一個學生的進度。

3.電腦可以使高品質的教學資料更廣爲流傳。隨著寬頻資訊網路的發展，不同教育機構之間分享教材和教學軟體已經比以前容易很多，而且花費也不算昂貴。

4.電腦強調分析和邏輯思考，這正是很多學生的弱點。電腦對精確度和有秩序的邏輯思考的要求對訓練邏輯思考提供了理想的機會。

5.電腦可以促進教育改革。電腦可以滿足個人學習的需求。因此教育機構可以創造一個比以前更有彈性的環境，以配合學生在家裡、小團體中或其它地方的學習活動。

當然，資訊科技能在教育上所扮演的角色還遠不只這些。哈佛大學教育研究所發表的一篇報告（Educational Technology Center, 1984）

中指出，應用資訊科技的可能性是這麼的豐富、多變化，教育的任何一個層面都應該、也可能用到它。

對軟體程式設計師來說，教育軟體並不是利之所在。但是一項數字顯示，僅是一九八五年這一年，美國市場上就有7,000套教育軟體，每一個月又有100到150套新的產品上市。許多這些程式宣稱它們可以「教」一整年的幾何或是代數課程，效果和真正的老師相差無幾（Chaiklin and Mathews, 1988）。然而，這些軟體並不能告訴我們資訊科技在教學的過程當中，到底可以發揮多麼大的功效。

到目前為止，這方面的研究結果都十分分歧。有的老師認為在使用電腦的課堂上，老師比較不會成為學生的注意焦點，因此比較方便個人化的教學。教室裡比較有合作的氣氛，學生的學習興趣也比較高。此外，有文書處理和撰寫程式能力的學生，成績也比那些沒有這些技能的學生好（Smith and Zimmerman, 1988）。其他的研究發現：

1. 電腦教學的短期效果要比長期效果好；

2. 電腦不能取代傳統教學，只能補充他的不足之處；

3. 品質良好的軟體是關鍵所在，有了它，學生的表現有顯著的進步；

4. 用過電腦的學生對學校和他們所學的科目都有更積極的態度。

　　（Kulik, 1986）

上述的發現雖然可以使我們對電腦在教育上的功能有一些了解，卻沒有足夠的證據讓我們下任何結論；不同的電腦輔助教學軟體在不同的年級、不同的科目有不同的功效。例如電腦輔助數學的教學的確可以提高學生的數學成績，但是在其他的科目上就沒有看到同樣的效果。再者，究竟我們要如何定義「效果」，似乎也沒有定論；效果有長期的、也有短期的，有輕易可以測量的，如分數，但是也有不容易觀察到的影響，例如學生對學習的興趣與信心。

也許我們對於資訊化在教育上的功勞還無法認定，但是很少有人懷

疑在今天，豐沛的資訊資源和足以平衡分配這些資源的上層結構，已經是辦好教育不爭的前提(Martinez and Mead, 1988)。在這樣的認識之下，各國政府都不敢輕忽學校的電腦設備。

然而，教學完全電腦化並不是一件簡單的事情；即使在資訊化最先進的國家，也需要時間慢慢充實設備，培養人才。但是對開發中國家而言，在資金和人才本來就十分困難的情況下，如何充實電腦設備、培養專家又成為一個新的挑戰；另方面，文盲還沒有消除，又面臨了資訊社會的特產：電腦文盲的問題，無異雪上加霜。

所謂「電腦文盲」，也就是沒有足夠的技能和知識以操縱和使用電腦，也有人以電腦技能（computer literacy）來形容這種技能。通常來說，電腦技能所要求的，還不止於操縱或使用電腦的技術；它是「一個階段，在這個階段當中，個人已經具備了資訊處理以及將之概念化的基本創新能力（Compain, 1988）」。所以一個沒有電腦技能的人，就不會利用電腦和其他的資訊科技。這使得他被擯棄在資訊世界的大門之外； 既無法享受到資訊科技所帶來的便利， 也無法得到他所需要的資訊，從而使得他在工作和事業的競爭中敗下陣來，命運有如工業社會的文盲。

身為電腦文盲固然是個人的悲哀，文盲太多卻會影響整個社會資訊化的腳步。因此近數十年來，推廣電腦技能已經成為許多政府努力的目標。在法國，財務部官員亞蘭與敏克（Nora and Minc, 1980）在著名的報告書「社會資訊化（Informatization de la Societe）」中大力鼓吹資訊化的重要性，從此掀起了法國資訊化的熱潮。在美國， 聯邦和州政府曾經提供大筆預算， 為全國的學校購置了兩百萬臺電腦。 在一個傳統上排斥社會福利政策的國家而言， 無疑是一項大手筆 （U.S. Department of Commerce, 1991）。先進國家之外，開發中國家也感受到資訊化的壓力，開始採取各種措施，急起直追。根據聯合國教科文

表 7-2　各國學校使用電腦比率 (1989)

	比利時(法語)	比利時(佛萊明語)	加拿大	中國大陸	法國	德國	希臘	匈牙利	印度	以色列	日本	盧森堡	荷蘭	紐西蘭	波蘭	葡萄牙	斯洛伐克(捷克)	瑞士	美國
小學　不教學	—	40	0	—	8	—	—	—	—	38	68	—	46	21	—	69	—	—	0
小學　用學	—	54	99	—	92	—	—	—	—	62	25	—	53	78	—	29	—	—	100
小學　行政	—	6	1	—	0	—	—	—	—	0	7	—	0	1	—	1	—	—	0
小學　學生電腦比數	—	28	21	—	23	—	—	—	—	17	14	—	64	62	—	301	—	—	23
國中　不教學	7	1	0	—	1	5	95	—	—	—	56	0	13	0	—	45	—	22	0
國中　用學	78	93	100	—	99	94	5	—	—	—	36	100	87	99	—	53	—	74	100
國中　行政	15	6	0	—	0	1	0	—	—	—	7	0	0	1	—	3	—	4	0
國中　學生電腦比數	27	34	12	—	31	46	52	—	—	—	143	48	26	34	—	287	—	21	17
高中　不教學	0	2	0	39	0	0	96	0	93	18	1	—	31	0	28	27	4	2	0
高中　用學	98	93	100	61	99	100	4	100	7	82	94	—	69	100	72	72	94	98	100
高中　行政	1	5	0	—	1	0	0	0	0	0	4	—	0	0	1	1	2	—	0
高中　學生電腦比數	32	38	12	43	26	48	44	28	572	26	32	—	34	37	53	289	58	20	14

資料來源：Pelgrum, Willem J. and Tjeerd Plomp The Use of Computers on Education Worldwide Oxford: Pergamon Press, 1991. p. 18–21.

組織的資料(UNESCO, 1987)，中國大陸在教育科技方面的預算，大約是政府年度預算的 0.02 ％。 雖然比例不大， 在財力吃緊的情況下還能堅持這方面投資，已屬不易。此外，印度和中東的約旦都在靠先進國家的貸款和贈與推行電腦化的工作；在非洲，則由辛巴威（Zimbabwe）成立了一個地區性的訓練中心，替其他的非洲國家培養這方面的人才，參加的國家包括了伊索匹亞（Ethiopia）、馬拉威（Malawi）、莫桑鼻克（Mozambique），和尚比亞（Zambia）等國（Hawkridge, Jawarski and McMahon, 1990）。

一九九○年，一個國際教育組織「評估教育成就國際協會」（International Association for the Evaluation of Education Achievement, IEA）在18個歐洲、北美及亞洲國家進行了一項調查，結果發現大部分受調查國家的中小學校都購置了電腦設備（表 7-2）（Pelgrum and Plomp, 1991）。美國、加拿大和法國學校使用電腦教學的比率已經達到、或接近百分之一百，而其他國家學校的電腦使用率也隨年級增加；例如瑞士只有近四分之一的國中使用電腦，但是卻有98％的高中使用電腦教學。數字中同樣值得注意的是國家之間的差距，例如印度只有 7 ％的高中使用電腦，但同為亞洲地區開發中國家的中國大陸卻有61％的高中使用電腦教學。相對而言，屬於中高收入的希臘，卻有九成以上的國中和高中從未使用電腦。

和學校是否有電腦設備同樣重要的是學生使用電腦的機會如何；如果一個學校的幾百個學生只能共用一臺電腦，則可以想見的是這一臺電腦充其量只能做展示用。針對這一點，上述同一調查發現大多數國家的學生與電腦數之比都維持在 20 至 50 名學生一臺電腦左右， 但是也有些國家的比率遠遠超出了這個範圍，例如日本的國中裡，就每 143 名學生才有一臺電腦，而在印度，這個比例更高達 572 名高中生一臺電腦。

　　熟悉電腦的操作之外，九〇年代各國政府的另一個教育重點是網路的使用。美國政府早在一九八〇年代初便開始補助學校進入如網際網路（Internet）的花費。日本落後一步，直到九〇年代中期，才由教育部門提供了 9.5 億美元經費，補助 71 個大學進入網路的計畫（Desmond, 1995）。在這方面我國雖然也落後美國，但是建設校園網路、並且與國際網路連線的工作已在一九八〇年代逐漸展開；隨著 BBS 網路的流行，校園網路近年來成為臺灣大學校園文化的一部分。這股網路熱蔓延到中學、甚至小學，可能只是時間的問題。

　　在一片電腦化和資訊化的熱潮當中，顯然還有更多的國家將大筆預算投注在購置硬體設備上面。事實上，現在要找一個毫不動心的政府，才是真正困難。但是仍然我們不能忘記，硬體的建設只是整個資訊化工作的一環而已；它本身並不是目的，而是達到目的的工具。有關資訊科技在教育上的運用，現在最大的困難是，沒有一套確實的學習理論可以告訴我們，科技究竟可以在哪一些方面幫上忙。學習是一種過程，在過程中學生改變他的行為與認知。但是時至今日，我們還不知道有任何比老師與學生的互動更理想的方式。有效、巧妙的運用科技可以幫助老師將課程安排得更生動活潑，也使他們有更多的時間注意學生的個別表現。因此與其說電腦應該扮演教學的工作，不如說它是一個輔助教學的工具。

　　電腦之外，其他資訊科技，包括電信網路、通信衛星與互動式影碟系統的教育功能也越來越受到重視，其中互動式影碟已經成為許多公司企業訓練人才的必備良方（Davis, 1988; Seal-Wanner, 1988），而多媒體系統也大大擴展了成人教育的領域。近年來世界上許多空中學校和成人教育課程都大量使用這些設備，以取代或充實原先純粹以廣播教學的辦法。其中最引人注意的是兩個開發中國家：印尼與印度使用通信衛星來推廣教育的計畫。

在發展中國家，印度算是在通信衛星科技上起步相當早的一個。早在一九六二年印度科學家就已經開始著手研究太空通信的可行性。一九六九年印度太空研究組織（Indian Space Research Organization, ISRO）與美國航空暨太空總署（National Aeronautic and Space Authority, NASA）簽署了一項協訂，使得印度的衛星電視教學實驗正式誕生。

經過數年的籌畫，印度衛星終於在一九七四年升空，電視信號涵蓋印度 6 個省分中的 2,400 個村落，每一個村落都有一臺視機放置在公共場所，供全村人收看。除了每天半小時全國性節目是使用地區通用的語言，其他大部分節目是以當地語言播音，每天總共播放 4 小時節目。

為了評估衛星電視教學的影響，實驗期間印度衛星教學實驗總共完成了50個研究，報告長達19册。這些研究有不同的目的，訪問的人數、使用的方法與遭遇的問題都不相同，有時候所得的結果甚至彼此矛盾，造成決策的困擾。其中最「有名」的矛盾發生在計畫委員會和衛星教學實驗單位所作的兩個主要研究。衛星教學單位所作的研究發現，大部分收看衛星教學節目的是具有較高社經地位、經常往來於鄉村與都市之間、經常使用大眾傳播媒介的年輕男性。雖然不是沒有例外，在衛星電視開播前、與開播後對觀眾所作的測驗，顯示他們在家庭計畫、保健、農業技術與政治社會的常識都有明顯的增長；而且看的頻率越高、所得的也越多。至於衛星計畫委員會所作的研究雖然也發現有不少的受訪者看衛星電視，但是他們大多一星期只看一、兩次，因此看和不看的居民在各項知識測驗的成績相差有限。

由於兩個主要研究的結果不同，所下的結論也完全相反，使得印度政府左右為難，而這個耗資、耗時的計畫究竟成效如何，迄今沒有定論。但是同為貧窮的亞洲國家，印尼的經驗就比較明確。

印尼的帕拉帕（Palapa）衛星在一九七六年升空，信號涵蓋範圍內

共有 9,500 萬居民，大約是總人口的 63％ 。 開播最初的幾年內每天播出 6 小時節目，其中新聞、教育、娛樂和宗教各佔約 1/5（Rauf, 1981）。

根據一個美國東西文化中心與印尼政府所作的研究發現（Chu, Alfian, and Schramm, 1985），信號涵蓋範圍內的居民當中約有六成收看衛星電視；和印度調查的發現一樣，觀眾也以教育程度與社經地位較高的居民佔多數。雖然最受歡迎的節目是歌舞、喜劇與新聞，但是觀眾顯然還是由節目中得到了一些重要的訊息。測驗的結果，看電視的居民無論在對家庭計畫與農業技術的知識、或是看醫生、儲蓄方面，都比不看電視的居民表現得好。此外，許多觀眾因為看電視消息靈通，自己變成了小村鎮裡的意見領袖。

有的學者（Jayaweera, 1985）認為評估印度衛星計畫的研究並沒有做長期追蹤，所以效果難以顯現。但是拋開研究方法的問題，比較印度與印尼的衛星計畫，印度的計畫遭遇到更多配合與協調的問題；例如衛星節目中教導農夫使用農藥，但是農藥卻無處可買；兒童看不懂節目中所教的內容，學校教師也不從旁輔導。所以衛星電視究竟有無效果，並不是可以單靠電視決定的。正如一位學者所指出的：「科技的發明、改良、與在鄉村的應用比我們所希望的更複雜、需時更長……即使明天衛星電視就出現在鄉村地區，許多原先期待的好處也不會出現。只有靠周詳的計畫、訓練、與機構的力量，成功才有希望。」

印度所得的教訓、與電腦應用在教育上所遭遇的問題都指向一個我們不能不重視的事實：資訊科技可以達成目標，但絕不可能獨成其事。

工作習慣

過去資訊社會的理論非常強調經濟活動與資訊化的互動關係。雖然政治、教育和法律的層面後來也有討論，但是不可否認的，如果資訊化

不影響到我們日常生活的改變，則充其量也不過是一種局部性的變革，談不上是個新的社會形態。但是遺憾的是，資訊社會理論在生活方式與社會活動層面的討論不但十分有限，而且有濃重的臆測性質。比較常被提及的，包括因爲電子網路普及化之後的幾個可能發展趨勢，例如電子通勤（teleworking）、電子購物（teleshopping）、電子銀行（telebanking）與電子教學等（Williams, 1982）。這種說法主張，網路的發達將使一般人不再需要出門去上班、上學、購物、或上銀行；影響所及，交通的壓力會減輕，空氣品質可以改善，而都市這個工業化的產品，重要性也將大爲降低。也有的學者更上一層樓。基於資訊科技可以「解放」人類的前提，他們預測資訊社會中，工作的時數會減少，人類將有更多的時間來充分實現自我，與精神上的成長（Masuda, 1981）。這些美好的預言眞的實現了嗎？

目前我們雖然沒有太多這方面的資料，近年來資訊化程度已經十分先進的美國，卻已完成頗多研究，因此我們不妨看看美國的發展。

自從一九七〇年代迄今，美國有關於電子通勤的研究論文，至少發表了七十篇以上，這其中包括幾個大規模的、針對有意施行電子通勤的公司的調查。但是在深入這些研究的結果之前，首先我們須要了解到底什麼是「電子通勤」？家庭主婦閒來無事，在家中裝配聖誕飾品，或是教師在假期中作些研究工作，是否都算是電子通勤呢？美國的人口調查局（United States Census）在作人口普查的時候，對「電子通勤者」作了以下的定義：每一個星期在家中工作 8 個小時以上，並且因此領有收入的人。換句話說，如果在家中工作的時數不及 8 小時，或是並不因爲在家中工作而得到收入，都不能算是通勤的工作。

根據以上的定義，一九八九年美國的通勤工作者有 2,300 萬之多（Kraut, 1989）。但是如果我們再定義得清楚一點，只計算那些以家裡作爲他們最主要工作地點的人，則這個數字會降到 100 萬左右（

Kraut, 1989)。 然而即使我們使用這麼嚴謹的定義，似乎也還是沒有辦法找出那些利用電子通信網路在家裡上班的人。一項對所謂的電子通勤者所作的調查發現，受訪者當中有高達 80 ％的人仰賴信件或其他的印刷品來和他們的上司保持聯繫，使用的管道，則有 70 ％以上是郵政，不是摩登的電子網路。雖然有不到 1/3 的人傳的是電腦磁片或磁帶，但是替他們傳這些磁片或磁帶的還是人——信差。調查並且發現，大多數決定在家裡工作的人，都有其不得已的苦衷；例如照顧年幼的孩子或者生病的家人。他們的工作多半屬於兼差，如果不是在家裡工作，他們就得完全放棄賺錢的念頭。也有的人喜歡維持一個星期在家裡工作一兩天的習慣，為的是逃避電話和外來的干擾，與電子網路的便利也沒有太大的關係（ Di Martino and Wirth, 1990; Huws, Kort and Robinson, 1990）。

因此現在我們談的電子通勤，只不過是在家裡工作，與電子通勤的觀念有相當遙遠的距離。事實上，平心而論，也不是每一個工作都適合電子通勤的安排。比較適合的可能是顧問、論件計酬的專業工作，或者是推銷。雖然近年來專家學者對電子通勤展現了相當大的信心與熱情，人究竟是羣體的動物。君不見，即使享有最先進的通訊傳輸設備，企業主管們還是熱中於各種各樣的公、私聚會。而且少數已經在電子通勤的白領工作者，也少不了定時碰個面。在國內，大多數的晚報記者都不需要上班。他們只要把稿子傳眞回報社，就大功告成。但是無論在哪一家晚報，記者們還是保持了每個星期開一次會的習慣。

除了電子通勤受到冷淡對待，其他一些以資訊科技為主的新服務也遭遇相同的命運。以電子銀行為例，在臺灣，早期因為銀行本身電腦化起步晚，使得電子銀行的構想難以推展。在美國、德國等工業國家雖然有銀行提供這方面服務，顧客反應卻不熱烈（Foester, 1987）。隨處可見的自動櫃員機似乎就已經滿足了顧客的需求。至於媒介方面的嘗

試，有線電視在一九八〇年代中期推出的電子購物曾經風行了一、兩年，但是當新鮮感消失之後，就變成難以爲繼的局面(Foester, 1990)。在法國，電子銀行與電子購物是電傳視訊「迷你通」(Minitel) 最受歡迎的服務項目之二，使用這兩種服務的訂戶比例卻不高 (Arnal, 1990)。

到了一九九〇年代中期，網路使用已經相當普遍，加上光碟工業快速成長，多媒體電腦逐漸成爲個人電腦的發展方向，使得過去業者無法在線上充分展現商品特色的問題消失，於是業者認爲電子購物的時機成熟，紛紛投入市場。例如蘋果電腦公司便結合了美國最大的商業網路公司美國線上 (America on Line) 及一家軟體公司 (Medior)，推出了以光碟型錄配合線上即時採購的 2Market 電子採購服務。除了2Market，紐約的 Contentware 也計畫與大型百貨業者合作，共同推出電子購物的服務，他們壓製了40萬張光碟型錄，並計劃利用網際網路 (Internet) 發行（蔡繼光，1995）。

資訂科技的發展帶來新的商機，但是這一波的電子郵購投資是否能夠眞正打開消費者的心扉，還要看其他因素的配合；這包括採購及付款手續是否簡便、服務是否可靠等。當然，另外一個非常重要的因素，是究竟有多少人喜歡坐在電腦前面採購。近年來大型購物中心的發展，使得購物早已和休閒結合；光碟型錄無論如何「可看」，總不如全家一起出動、或與友人共同逛街的樂趣。或許朝向某些特定商品發展，例如毋需選擇的固定消費品，如傳眞機用紙、電腦磁片、及日用品等，是電子購物可以考慮的方向。

資訊科技沒有大幅改變人們上班、購物與上銀行的習慣，似乎也沒有改變他們工作的時數。根據增田米二早先的預測，因爲機器和電腦能替人做的事情越來越多，使得許多機械化、或具有危險性的工作逐漸由機器取代，工廠與辦公室開始大規模自動化。自動化的短期影響可能是負面的，它使得許多人失去工作；但是經過一段重新調適的階段，勞動

力轉移到白領階級的工作上去，慢慢的一般人的工作時數就會減少，空閒時間也就相對增加。那時如何休閒就成爲重要的課題。

　　但是很遺憾地，我們並沒有看到這樣的發展趨勢。相反的，一般人的工作時數有增高的趨勢。一九七○年代，美國人的工作時數終於降到每星期 39 小時，但是好日子似乎就此結束。接下來的二十年當中，一般美國人的工作時數已經增加到一年加班 168 小時，等於每一年加班一個月之多。另方面，由一九七三年開始，一個人的平均休閒時間減少了40％。爲了應付生活的支出，美國有40％的家庭是雙薪家庭。而一個婦女平均一個星期要工作65小時才能兼顧工作與家庭。比較上來說，孩子小的家庭負擔更重；凡是家中有14歲以下孩子的家庭，父親的平均工作時數是每星期50小時、或更多。

　　超時工作的情形在其他的工業化國家也相當普遍。在日本喧騰一時的「過勞死」，揭露了許多日本人長期超時工作的問題。諷刺的是，到了一九九○年代初期，因爲日本的經濟開始走下坡，工作量減少，反而舒緩了一般日本人過度加班的問題。在臺灣，這種日本的現代病徵雖然還沒有浮現，一般人存在著「先套交情再辦正事」的習慣，使得政府、企業界普遍存在公事、私事不分的狀況；影響所及，廣義、狹義的「加班」也就習以爲常了。

　　無可諱言的，一般而言現代人較以前更注重休閒生活，但是自己所能掌控的時間是否眞的較以前大幅增加，還是一大疑問；由上面的例子看起來，影響工作時間長短的主要因素還是經濟，不是資訊科技。至於資訊科技究竟是否能夠幫助我們節省時間，似乎也還有待進一步觀察。就以傳眞與電腦通信爲例，它縮短了傳送信息所需的時間，但是對個人而言，結果很可能並不是節省了時間。日本學者伊藤陽一就曾經感歎的說，沒有傳眞的時候，他可以以郵遞緩慢爲由，拖延回覆信件或交稿的時間。有了傳眞之後，藉口消失，他的「反應速度」也必須相對提升，

結果是辦事的節拍加快了，時間未必能夠節省。

　　根據早先專家的預言，工作時數的減少是因爲許多工作爲電腦所取代，致使人類所需要做的事情減少。在美國，工會運動是減少工時的最大功臣，但是電腦控制之下的生產、管理、協調和溝通都不需要太多人力，而機器與電腦又不可能加入工會，無形中削弱了工會的力量。再說現在的資訊網路四通八達，價格便宜，大企業可以在世界上任何的地方設廠而仍保持有效的管理，相對的，勞工所能掌握的籌碼也就更爲有限。

　　由美國和日本的情況來看，資訊時代並不一定會讓我們減少工作的時數，如果工作時數沒有能夠減少，那麼資訊化對職業結構究竟又有什麼影響？

　　根據日本在一九八〇年代末所做的調查，電腦化使得各行各業的工作都受到影響。但是影響最大的是屬於不需要太多技能的文書類工作——尤其是金融和保險業的文書工作，這些職位過去大多由婦女擔任。相對的，製造業及批發零售業雖然也損失了 1 ％到 2 ％的工作機會，但情況遠不如金融保險業的情況嚴重 (Pearson and Mitter, 1993)。

　　至於預言的第二部分，資訊化會創造新的工作機會，似乎也還有待觀察。上述日本的調查沒有繼續追究這些工作被電腦取代的文書人員最後是否找到了其他的工作，但是近幾年來，全球性的經濟不景氣，受到影響的不只是藍領階級技術性、或非技術性的勞工，白領階級，包括資訊工作者 (Schor, 1992) 和公民營機構的中層主管也同時遭殃；這情形無論是在美國、或其他工業國家情況都一樣。如果我們想一想中層主管的主要工作內容——溝通和協調，就不難明白其中的道理；這些都是資訊科技所能夠輕易取代的事情。因此財務壓力及資訊化將大企業的規模降到了一個新的低點；中層主管被成千上萬地解雇。最明顯的例子是美國電信與電報公司 (AT&T)，它在分解成許多小公司的時候，第一

批被解雇的就是15,000名中層主管。

　　資訊和電訊科技使得全球性的市場不再是夢想，但是商業競爭也更爲激烈。即使沒有經濟不景氣的壓力，爲了維持競爭力，企業也必須維持一定的利潤，在此情況下，企業只有兩個選擇：提高員工的生產力和電腦化的效能，或者是精簡人事、減少支出。因爲前者往往又需要進一步投資，裁員就成爲最聰明的作法。對於那些在不景氣及電腦化雙重打壓之下失去工作的白領階級而言，期待資訊化創造新的工作機會，可能不如期待經濟好轉來得更切實際。

　　在工作方面是如此，那麼資訊化對家庭和個人又有什麼影響呢？在時間沒有更充裕的情況下，各式各樣的資訊產品究竟扮演什麼角色？是有如增田米二所預言的，幫助我們的精神生活在有限的休閒時間中變得更充實、更有內涵，還是鎮日沉迷在聲色影像的虛幻世界中不能自拔？這方面的問題我們將在第八章討論。

第八章　水晶球中看未來

　　時至二十世紀與二十一世紀的交接點上，很少人能否認資訊化已經是一個世界性的潮流。然而在社會菁英分子精心策畫之下逐步推展的資訊化真的會帶給我們資訊社會嗎？如果是的話，資訊社會是否又真的會如早先所預言的那麼美好？一九九〇年代共產世界的崩潰，使人類世界由半個多世紀以來的共產烏托邦美夢中清醒，回顧過去，追求美夢所付出的代價竟是如此巨大。資訊社會會不會是另一場美夢的開始？代價又是什麼呢？

　　我們也許沒有辦法得到所有的答案，但是這本書的目的，是在回答上述問題背後幾個更基本的問題：在專家提出預言的數十年後，他們所形容的資訊社會到底出現了沒有？有那些國家拔得了頭籌？資訊化對社會發展——尤其是經濟成長能有多大貢獻？社會在資訊化之後真的會有革命性的變化嗎？

　　很遺憾的，在分析了許多國家的資料與數據之後，我們似乎沒有辦法得到什麼斬釘截鐵的答案。首先，數字資料的殘缺與可靠性使得我們不能充分了解實際的情況，尤其是最貧窮的第三世界國家。其次，究竟什麼指標才能正確測出資訊化的程度，也有爭議。在有限的資料下，似乎最容易、也最快能夠給我們答案、告訴我們究竟哪一個國家符合資訊社會標準的，還是日本電信與經濟研究所所發展出來的「四條件」(Ito, 1981)：

1. 國民平均所得在 4,000 美元以上（1971年幣值）；

2. 服務業勞動人口佔總勞動人口一半以上；

3.大學學生人口佔同年齡人口一半以上;

4.以及資訊比例 (information ratio) ，也即每戶家庭資訊花費佔總支出比例35％以上。

在上述四條件當中，資訊比例必須根據詳細的數字，計算出一般家庭在資訊活動上面的花費。由於這個數字大部分國家都沒有收集，因此難以得知。但是其他三個條件，卻可以作為我們的參考。

篩選的結果，第一條件對大多數高收入國家都不是問題；很多國家達到了國家總產值的標準，但是第二條件，資訊勞動人口所佔的比例卻未必超過50％。這兩個條件都已具備，而大學學生人口又能達到同年齡人口一半以上的國家，全世界就只剩下兩個國家：美國和加拿大。最早提出資訊社會概念的日本，因為大學生人口只佔了同年齡人口的28％而被排除在名單之外。

上述的標準自然只能够作為參考；但是即使在「比較」有資格稱為資訊社會的美國和加拿大，我們在前幾章也提到過有一些令人困惑的「反資訊社會」現象：例如資訊供應量雖然持續增加，資訊消費量卻沒有太大的長進；資訊勞動業也不是國內生產總值的主要功臣。此外，許多早先所預測的社會現象並沒有出現； 電子通勤還是少數人的事情，電腦並沒有為教育帶來革命性的改變，自動化也沒有使一般人工做時數減少。

一、經濟發展與資訊化指標

為檢視各國資訊化程度，我們發展了三套資訊化指標：資訊上層結構指標、經濟指標與社會指標。由前面幾章的分析來看，我們已經知道這些指標與社會經濟發展都有或多或少的關係。此處我們將進一步經由指標間的統計運算，測量這些關係的強度。

　　首先我們嘗試檢驗一九八〇年代幾個資訊上層結構指標與國內生產毛額的關係；為比較方便，一九七〇年的資料也一併計算。這些資訊上層結構指標包括報紙、廣播、電視、電話、電腦與其它數據終端機的普及率。

　　針對所有 139 國家資料統計運算的結果，我們發現在一九八〇年代，國內生產毛額與收音機、電視機、電話、報紙普及率與高等教育普及的程度之間都有顯著的相關（請見表8-1）。這項統計檢驗的結果部分實證實了傳統發展理論的說法（詳見第二章）：經濟發展與大眾傳播媒介之間有正相關，只是我們無法確定其中是否有因果關係。不僅如此，電話和數據終端設備普及率與國內生產毛額的密切關聯也證實電信事業

表 8-1　平均國內生產毛額與媒介普及率之關聯

年　　代	關　聯　性　測　量				
	電　　視	收音機	報　　紙	電　　話	高等教育
1970	.93**	.81**	.81**	.52**	.79**
1980	.73**	.58**	.91**	.35**	.51**
1981	.79**	.61**	—	.32**	.55**
1982	.77**	.60**	.84**	.34**	.56**
1983	.83**	.61**	—	.39**	.68**
1984	—	—	.83**	.39**	.63**
1985	.79**	.67**	—	.42**	.61**
1986	.81**	.71**	.85**	.47**	.65**
1987	.81**	—	—	.52**	.65**
1988	—	—	.91**	—	—
1989	.79**	.69**	.94**		

**p<.01

與經濟發展互有助益的說法，只是我們仍舊無法由數字中得知究竟何為因、何為果。

由於樣本小，低收入國家的資料又常常殘缺，分別檢驗高、中、低收入國家在這些關係上的差別，可能不具有統計上的有效性與可靠性，但是相關係數（pearson correlations）的變化形態卻能幫助我們了解在發展階段不同的國家裡，資訊科技扮演的角色又有什麼不同。以高收入國家為例，其國內生產毛額與電視、電話普及率的相關係數都不算強。這可能是因為在高收入國家，電話與電視都已經成為家庭必需品，但是國民所得仍在繼續成長的結果。也就是說，國內生產毛額的成長沒有上限，但是一般人在已經有了兩臺電視機之後，卻不太可能再繼續買第三臺、第四臺電視。相對的，在高收入國家，國內生產毛額與電腦和數據終端機的普及率卻有很強的相關。這個現象意味著經濟成長與資訊科技普及率的關連應該是階段性的；當某些資訊科技的普及已經到達上限，而經濟仍然繼續成長，則兩者的關係自然會減弱，此外，如果某一種資訊科技普及化的社會條件還未成熟，同樣的情況也會出現。我們對照中低收入國家國內生產毛額與資訊媒介的相關係數形態，就可以有更深刻的了解。

以經濟成長的速度來看，近年來中等收入國家要比低收入國家高出許多，但是分析的結果發現，在中低收入國家，電話、電視與國內生產毛額的相關係數同樣都有十分密切的相關。這顯示第三世界國家一般居民的所得，正逐漸使他們有能力購置傳播與通訊產品。但是相對的，即使國內生產毛額穩定成長，電腦、數據終端機和報紙的普及率卻十分低，使得相關係數也很低。造成這個現象的原因除了大多數中低收入國家政府與人民的財力有限，一個可能更為重要的原因是一般人的識字率與知識水準不高，使他們不但沒有能力使用印刷媒介以及複雜的資訊工具、也無法了解這些媒介的價值。換言之，這些國家並不具備報紙、電

腦以及數據終端機普及的條件。報紙、電腦與數據通訊這些重要的資訊科技也因此無法對低收入國家的經濟成長有太多的貢獻。

上述分析使我們在社會資訊化的潮流中，觀察到兩項發展：國家與國家、甚至於同一國家中都市與鄉村地區的差別，與不同資訊媒介發展形態的差別。

二、地區性的差別

由人類社會的歷史來看，可能「平衡發展」從來就沒有發生過，就如同社會中的個人永遠無法達到各方面完全的平等；充其量政府可以求其資源的分布平衡。我們所關心的是資訊化這個新的潮流究竟是否會縮小、抑或擴大原有的差距。

截至目前為止，統計數字所塑造的，是一個令人頗為憂心的圖像。在第五章，我們指出全世界電腦工業壟斷的情況與電腦、大眾傳播媒介分布極端集中的事實；同樣的情況也可以在其他的資訊媒介觀察得到。以電信事業為例，不到七家跨國公司壟斷了經濟合作及開發組織（OECD）國家中七成以上的市場。另外在一九八六年交換機的買賣當中，僅僅是美國電信與電報一家公司（AT&T）就佔了全球市場的1/4。在電話機的分布方面，第三世界國家以全球 70％的人口，所擁有的電話不超過全球的 7％（Elkington and Shopley, 1988）。不但如此，世界上的電話網路也是少數人的專利；在臺灣的人可以輕易打電話去美國或歐洲的任何一個地點，但是與臺灣更為接近的亞洲國家地區居民，例如緬甸鄉下，卻未必可以直接通話。據估計，全世界有九成以上的電話網路是在服務北美、歐洲和日本、澳洲的居民；他們不過佔據全球人口的20%左右。另外約有一半的世界人口是居住在資訊管道極為貧乏的地區（Schuringa, 1983）。

雖則高收入國家與低收入國家間的差距一向可觀，如果我們將這些差距作一比較，又會發現一個耐人尋味的現象；也就是這些國家在不同指標上呈現了相當不同程度的差距。截至目前為止，所有資訊媒介中貧國與富國間差別最大的可能要算電腦普及率；其次是電話和報紙。電子媒介——尤其是收音機則最為「平民化」。

差距或可理解，令人更為關心的另一個問題是，究竟這些差距是在縮小、或是擴大當中？由各種媒介普及率的成長情況來看（表 8-2），低收入國家在近二十年當中，收音機與電視的成長率已經遠遠超越高、中收入國家，但是在電腦與電話方面，則還沒有任何迎頭趕上的跡象。

表 8-2　各指標成長率分組比較

項　　目	比 較 年 份	全部國家	低收入國家	中收入國家	高收入國家
報　　紙	1970—1980	8.2	7.1	5	22.3
	1980—1988	1.4	29.8	13.9	−9.7
電　　話	1970—1980	79.2	147.1	81.8	57.6
	1980—1990	23.8	36.6	78.3	58.5
錄　影　機	1982—1988	225.5	147.2	244.8	268.7
	1988—1994	26.7	−4.1	29.7	36.6
電　　腦	1986—1987	21.6	8.3	16.0	27.1
電　　視	1970—1980	48.6	130.1	101.2	42.5
	1980—1991	23.8	138.5	46.9	25.4
收　音　機	1970—1980	61.1	78.3	76.8	50.4
	1980—1989	27.2	56.7	32.6	18.3

除了有錢和沒有錢的國家的差別，同一個國家——尤其是中、低收入國家中不同地區的差別也令人心驚：

1. 在亞洲國家，大多數的電腦資源都集中在都市：泰國有94%在曼谷、印度有 70%在加爾各答、馬來西亞有 76 %在吉隆坡（Rahim and Pennings, 1987）；

2. 在中國大陸，有近半數（49%）針對科學與技術方面資訊的檢索是來自北京（李少南，1989）；

3. 墨西哥有 3 萬多村鎮沒有電話(Elkington and Shopley, 1988)。

相較之下，工業國家的情況雖然不似第三世界國家嚴重，然而也並非全然沒有問題；以英國而言，英國東南部——也即倫敦等大城市的所在地的電話普及率較其他地區都高（Hepworth and Robins, 1988），而在加拿大，有近半數的電腦 集中在多倫多的 公民營機構中 （ Hepworth, 1986）。

臺灣近年來的發展已經使得城鄉的差距縮小，但是過去許多研究調查也一再發現北部居民較南部居民更常使用資訊傳播媒介，同樣的差別也出現在居住在都市地區、與居住在鄉村地區的人（潘家慶、王石番、謝瀛春，民七十五年；曠湘霞與徐佳士，民國七十二年）。

城鄉的差距始自社會工業化；工業化使得都市成為地區經濟以及政治活動的中心。工作機會增多之後，一方面吸引鄉村的勞動人口，另方面也匯集了社會的各種資源。 不但教育、醫療等公共福利設施優於鄉村，其餘如藝術活動、體育競賽或研究機構、博物館等也無不往都市集中。日積月累的結果，使得大都會形成與鄉村截然不同的世界。而資訊化使得原有的差距，又多加了一層區隔。

對於許多第三世界國家而言，資訊化有其吸引力與重要性，然而許多結構性的問題不解決， 資訊化不但不能刺激經濟發展、 縮短城鄉差距，而且恐怕終是淪於空想。簡單的說，這些國家資訊化的過程當中大多會遭遇到下列的困難：

缺少經費

　　根據世界銀行的記錄， 第三世界中的 許多國家都 擔負著龐大的外債。以同為亞洲四小龍的韓國而言， 一九九三年的外債高達 425 億美元。比南韓更為貧困的印尼，外債有 736億美元，幾乎是南韓的一倍（《亞洲週刊》， 1993年10月）。由於利息龐大，許多國家無力償還，最後成為國際金融界的燙手問題。

　　外債負擔與財政赤字可以說是多年來開發中國家的寫照。因此對於這些國家的決策者來說，最大的一項挑戰應該是如何有效利用極為有限的資源。正如墨瑞拉索 （Murray-Lasso, 1987: 5） 所生動描繪的，當拉丁美洲國家在考慮施行電腦輔助教學時，決策者傷腦筋的不是應該買什麼，而是應該犧牲什麼才能省下買電腦的錢。當大多數的學生必須餓著肚子上學時，學校應該提供免費早餐、還是花錢去買電腦? 當大多數學生沒有教科書可以用、教室裡沒有粉筆與黑板，電腦可以取代它們的地位嗎?

　　財務狀況極端惡劣時， 大部分的預 算都被挪去應付 最為緊急的支出。最典型的例子是電訊投資。在第三世界，電訊投資的經濟收益估計可以達到17%至50%以上 （Saunders, Warford and Wellenius, 1983: 14） ，但是結果這些國家的電訊投資，卻僅僅佔了國內生產毛額的 0.3 %，還不到美國比例的一半 （Stevenson, 1988: 65） 。

　　除了財務的困難， 缺乏外匯 是另外一個經 常困擾發展中國家的問題。由於大多數中低收入國家都沒有發展自己的資訊工業，因此必須要由國外進口資訊產品。而購買資訊產品，就必須要掌握大筆的外匯，這又是第三世界國家所缺乏的。為了應付外匯短缺，許多政府不得不放慢資訊化的腳步。泰國過去大量採購電腦，但是在一九八五年的經濟危機之後，也不得不施行進口管制的措施。中共還曾經一度把腦筋動到被外

國政府或民間機構邀請訪問的本國國民身上；這些人因爲有邀請單位負責他們的旅費與食宿，不用自己帶錢出國，但是中共卻要求他們繳回一定數額的生活費，只因爲他們由外國邀請單位手中取得的是珍貴的外匯。

人才短缺

在大多數的第三世界國家，資訊專業人才的缺乏使得資訊工業難以生根，但即使是由國外進口資訊產品以進行資訊化的工作，也同樣需要專才來做智慧的決定；資訊化要錢，但並不是有了錢就萬事齊備了。包括採買什麼品牌與性能的資訊產品最經濟又最能符合需求、透過什麼管道去買、購買之後維修的責任與人員的訓練、以及其所能發揮的最大功效是什麼，都不能單憑常識判斷。由過去的經驗來看，無知的買方經常成爲跨國公司售貨員剝削的對象。許多發展中國家所買到的資訊科技與服務價格，往往比同樣產品賣到工業國家的價格高出 40 ％到 1000 ％ （Cumming and Quickfall, 1987; Murphy, 1986: 49; Stover, 1984: 91）。還有的時候，跨國公司將過時的產品以低價傾銷到第三世界，但是買賣一旦完成之後，售後服務也從此消失，日後機器出了任何問題，買方唯有想辦法自己修理，如果連零件也沒有的情況下，就只有將產品報廢一途了。

和跨國公司打交道需要專才，應用資訊科技也一樣是門專業。許多第三世界國家經由國際援助的方式取得的資訊科技產品常常因爲人才缺乏而有閒置的現象（Robertson, 1988）。在中東的敍利亞和非洲的坦桑尼亞，電腦的數目竟然超過了受過訓練的電腦程式師與系統分析人才的數目（Schware, 1987: 1255）。幾乎在任何一個開發中國家我們都可以發現類似的例子。

解決人才荒與解決財力短缺的問題同樣棘手。在一九八三到一九九

〇年當中，中國大陸由大學資訊科學科系畢業的學生大約只有1萬名，約爲所需人數的 1/5（Lee, 1989）。在其他的國家，例如非洲的尚比亞，全國沒有任何一所學校提供電腦方面的課程（Schware, 1987: 1255）。就在人才如此短缺的情況下，微薄的待遇與惡劣的工作環境又造成開發中國家人才外流，使得問題雪上加霜。非洲的蘇丹鄰近中東，據估計，蘇丹境內受過專業訓練的電腦人才當中，約有六成外流到富庶的阿拉伯國家工作（Ojulu, 1988）。因此要維持高水準的專業人才不僅要有良好的訓練教育機構，還得要有合理的待遇和工作機會。

第三世界國家發展資訊化除了上述困難，跨國公司的角色也是值得觀察的一個影響因素。

跨國公司

雖然一九九〇年初期世界性的不景氣使得跨國企業遭到重挫，這些公司在全球資訊工業的市場佔有率或有增減，地位卻不是可以輕易動搖的。近年來亞洲與拉丁美洲不少中等收入國家在資訊產品的輸出額度方面名列前茅，大多是跨國公司爲節省人力支出，在這些國家設廠的結果。以製造半導體的跨國公司爲例，幾乎每一個跨國公司都有工廠或裝配線在開發中國家（*Trasnational Corporations in the International Semicondcutors Industry*, 1986: 332）。IBM，世界電腦工業的龍頭老大，觸角就深入全球每一個角落。在電訊事業方面，瑞典的艾瑞克斯（Ericsson）總共在35個國家設有工廠，法國的Alcatel不落人後，也分別在墨西哥、土耳其、臺灣、印度和韓國擁有關係企業（*Industry and Development*, 1989: 182）。值得我們注意的是，在這些第三世界國家所生產的資訊產品，大多是賣到工業國家而非發展中國家的。

對於地主國，跨國公司帶來資金和工作機會，對於經濟發展應該有正面的影響；但是事實上，地主國對於這些資訊事業並沒有主控權，它

們的貢獻究竟如何，也很難評斷。仔細分析了美國半導體公司在東南亞國家設廠的情況之後，韓得森（Handerson, 1986: 105）的結論是，跨國公司確實對於地主國製造業的成長有貢獻，然而它們對於當地的經濟結構卻沒有太大影響。韓得森認為，跨國公司與當地經濟的關聯薄弱，所提供的工作機會有限，出產的大多是標準規格、或是較為低科技的產品，更何況除了在極少數國家，例如臺灣和韓國，跨國公司也不在地主國進行研究和發展產品的工作，這使得第三世界國家很難藉由跨國公司的投資中得到工業技術升級的機會（*Industry and Development Global Report*, 1989: 161）。由於跨國公司已經控制了研發與市場行銷的網路，目前的狀況一時恐怕也不易改變。

三、第三世界國家：選擇在哪裡？

對於大多數工業國家，資訊化幾乎可以說是一條必然的發展途徑，但是開發中國家除了上述必須考慮的因素，還有其他一些存在已久的問題，都可能成為資訊化的障礙，例如電力短缺、官僚體系腐敗、以及因為教育程度不高，而導致一般人不重視資訊等。在種種困難之下，第三世界國家的決策者不能不考慮資訊化的重要性究竟如何。

一項針對六個亞洲國家大學生所作的調查訪問發現，大部分的受訪者並不認為資訊科技能夠幫助解決他們社會所面臨的最嚴重問題，這包括了政局的不民主或不穩定、經濟凋蔽、或是貧窮人口比例太高等（Wang, 1989）。甚至有的學者認為，科技不但不一定能幫得上忙，還可能對社會造成負面的影響。愛曼吉拉（Elmanjira, 1985）就說：「（科技）從來沒有一手促成自由、民主或正義。……有的時候它甚至帶來一連串新的問題。」這包括可能擴大的知溝（Mora, 1988: III-28）、因跨國資訊大量流通而飽受威脅的國家自主權（Jussawalla, 1989）、以

及跨國公司的剝削等。問題是，第三世界國家究竟有多少選擇？針對這一點，桑加士（Senghas, 1983）的一席話十分中肯：

「第三世界國家究竟有什麼選擇？幾乎沒有。其中的道理包括了許多方面。首先，大多數第三世界國家中的菁英分子，無論是被選出的，是軍方的或民間的，大多是他們與先進國家良好關係的受益者，對於伴隨著推銷高科技而來的各種誘惑，難以抵擋。其次，在此時自外於（已經遍佈全球的）衛星，電腦與數位電話的網路不但是愚昧、並且也是不切實際的。沒有一個國家能身置在這些網路之外，而同時維持與其他國家的經貿關係。第三，這些國家來自內部的壓力，包括人民對物資的需求以及生活品質的要求，經常難以掌控，結果不論政府滿足這些需求的能力如何，向外舉債都成為暫時紓解壓力的方法。否則，政府只有瓦解、或是加強對人民的鎮壓。無論是獨立自主、自力更生或自助發展的建議，大多是觀念上的奇想，與實際的情境完全脫節。雖然在理念的討論上這些口號的姿態頗高，他們並不構成真實可行的選擇途徑。」

換言之，儘管資訊化的路上滿布荊棘，現實的問題卻是主政者所不能不考慮的。由於大多數開發中國家已經錯過了工業革命所帶來的機會，他們沒有理由讓第二次的機會再白白溜走。「迎頭趕上」的壓力不但出自於對現況的不滿，也存在於日後更加難以追上先進國家的隱憂。增田米二就曾經明白指出（Masuda, 1981）：

「工業〔化程度的〕差距是生產科技的差距〔所造成的〕，……但是資訊差距意味著處理、以及傳佈資訊科技的缺乏，而此一差距將直接影響每一個人民智識發展程度與行為模式。……這個問題的嚴重性將遠甚於前者，因為資訊差距加上工業差距之後，所形成的是一道雙重的鴻溝。」

　　資訊與知識差距的可怕，在於它使得原先就佔有優勢地位的國家與社會階層掌握更多的資源。一旦形成，此一雙重鴻溝可能使目前國際與城鄉間貧富不均的現象永久惡化下去，而開發中國家也將不再有成長的機會，這是第三世界國家所絕對不樂於見到的。由近年各國資訊化的速度來看，開發中國家顯然是居於劣勢。一位學者就曾經宣稱開發中國家已經錯過了資訊化的時機；他認爲它們將永遠被擯棄在資訊社會的大門之外（Ito, 1989）。但是無論學者看法如何，第三世界國家仍然必須繼續面對迎頭趕上的壓力。因此我們放眼世界，看到的不是有的國家資訊化、有的不資訊化，而只是資訊化所涵蓋的範圍大小與程度深淺不同。這也證實了我們前面的觀察：面對資訊化的潮流，第三世界國家並沒有別的路可走。由數字所顯現的意義觀察，我們也有理由相信資訊化對社會發展的助益，只是在相關條件不能完全配合的情況下，成效可能有多大、需時多久才能顯現，就不能光靠科技、而要看人的努力了。

四、媒介的戰爭：未來是誰的天下？

　　資訊化最終的目的之一，是將所有的資訊媒介結合成爲一個整體性的資訊系統：整合服務數位網路。然而在資訊化的過程當中，各個媒介功能不同，在市場上所遭遇的命運也不相同。以普及率爲例，包括收音機、電視機、甚至較新近的錄影機在內的電子媒介不但佔盡優勢（附錄A），而且如前所述，成長率在中低收入國家也一枝獨秀（表 8-2）。相對的，與錄影機差不多時候出現的雙向資訊系統電傳視訊，在世界各國當中只有法國一地試驗成功；而資訊化的明星——電腦卻只在極少數工業國家，如北美洲國家較爲普及，電腦工業的景氣近幾年也好景不再。歷史悠久的大衆傳播媒介報紙，發行量不但遲滯，近幾年更有下跌的趨勢。

　　分析這些媒介的功能與特性，我們似乎可以觀察到一些有趣的現象。在八〇及九〇年代當中較不風光的資訊媒介裡，報紙純粹靠文字取勝，而且爲了彌補時效性的不足，近年來對於深度報導與分析頗爲重視，所訴諸的是讀者的理性與資訊需求。電傳視訊雖然是一種多功能的媒介，但是推出之初，資訊檢索是推廣的主要服務項目之一；由於電傳視訊的資料庫可以容納大量資訊，因此一度被認爲會引發訂用的熱潮。但是沒有多久，主事者就發現除非有業務的需要，一般人對資訊並沒有太大的興趣，電傳視訊反而在電子通訊方面尋得了一個發展的空間。以我國的中文電傳視訊系統爲例，電子佈告欄的功能才開放一年，使用頻率就上升到第二位，僅次於證券行情（《數據通信要覽》，民國八十一年）。至於早期的電腦，最大的長處在處理、儲存並傳送資訊，因此所訴諸的，也是使用者的資訊需求。

　　由以上的分析來看，我們至少可以歸納出兩點報紙、電傳視訊與九〇年代以前電腦的共同特色：第一，它們都以文字、而非影像爲主；其次，雖然也有娛樂的價值，但是它們賴以取勝的是提供、傳送、或處理資訊的功能；最後，使用這些媒介必須具備一定的條件，包括識字或是操作終端機的知識。

　　相對的，電子媒介——無論是收音機、電視機或錄影機，都不受識字能力的限制、也不需要任何特殊的使用技能。它們所提供的雖然也有新聞、社教節目等知識性內容，但是大部分影視媒介仍以娛樂取勝；觀眾可以不必花費心力，長時間的任由聲光影像操控自己的感官。

　　一般人在分析媒介的普及情況時，多半要考慮功能、價格與使用必備的條件等因素。比較兩類媒介，報紙、電腦與電傳視訊顯然在必備條件方面處於較爲不利的地位；不識字或是不懂電腦的人自然不會有興趣。但是令人印象最爲深刻的，可能還是影視娛樂的吸引力。就價格論，雖然電腦是一般升斗小民難以負擔的產品，我們卻看到太平洋羣島

的居民爲了買錄影機而賣掉賴以維生的土地。在許多管制嚴格的國家，居民冒著被逮捕的風險走私錄影機進口、躲在暗巷裡偷偷欣賞政府不容許他們觀看的節目，這種「熱情」是任何其他媒介所不曾經驗過的。對於社會上大部分的人而言，娛樂功能之外其他的功能似乎可有可無。標榜多功能的雙向有線電視問世十餘年來，在世界各國始終未能有太大的突破，毋寧是觀眾並不重視其他功能的結果。

由消費者的反應，我們就不難瞭解爲什麼電腦的發展方向會在一九九〇年代有了根本的轉變。對於電腦業界來說，一九八〇年代末的嚴重不景氣是一個警訊：固然當時世界經濟普遍呈現衰退的現象，但是衰退的幅度遠不如電腦工業。這使得電腦業者不得不面對一個事實，就是以電腦在資訊處理的功能而言，市場需求已經接近飽和、沒有太大的發展空間。簡單的說，電腦雖然可以做很多事情，但是它對許多人卻是一個枯燥乏味、而又難以駕馭的電器用品。

在這樣的情況下，電腦業者開始思考進一步加強電腦娛樂功能的方法；而無巧不巧，日本的錄影機業者同樣面臨了市場飽和的問題，結果雙方都在電腦與影視的結合——也即電腦多媒體上找到了答案。一九九〇年出版的「經濟學人」期刊，刊登了一篇文章，題爲「會唱歌、跳舞的電腦」，替這種當時還是十分新奇的產品做了一個扼要的介紹：所謂電腦多媒體，就是能夠提供聲音、影像娛樂的電腦。和傳統電子媒介不同的，是它能夠提供雙向、互動的服務。

電腦多媒體的構想一出現，立刻吸引了包括菲力浦、IBM、蘋果電腦、AT&T、時代華納、以及日本的松下等跨國企業的大筆投資。根據統計，到一九九二年——也即產品問世的兩年之後，美國已經有35％的家庭擁有電腦多媒體設備 (Piirto, 1993)。

一九九〇年代初期電腦多媒體應運而生，但是只要消費者維持他們對於影視娛樂的高度興趣，商人就會挖空心思，設計各種巧妙的產品。

目前在電腦多媒體之外，另一種新的、可以允許觀眾有三度空間影視經驗的裝備——人工實體（或虛擬眞實，virtual reality），正以強大的潛力直逼娛樂市場而來。這種產品使人在戴上特殊的眼罩、穿上特製服裝之後，產生進入到虛擬世界的感覺。目前它受限於複雜的裝備和昂貴的價格，還停留在技能訓練和商業用途，例如飛行訓練或室內設計施工之前的展示，但是美國一些大城市的電玩店已經開始提供人工實體的遊樂器；任誰也不能忽視未來有一天人工實體走入家庭的可能性。那時每個人都可能像電影「回到未來」的主角，任意進出歷史、甚至宇宙星座間的任何一個角落，體驗不同時空的生活經驗，屆時「眞實」與「媒介眞實」之間的差別也將更加模糊。

娛樂之外，通訊是九〇年代電腦發展的另外一個主要方向。過去電腦網路的使用，多半限於組織中的個人；目的在方便管理、溝通與協調。但是由一九八〇年代初期開始，學術圈子裡的人開始藉著電腦網路通信、交換資料。這些網路傳送訊息的速度和傳眞無異，而且通信之外還可以傳送檔案、檢索資料，非常方便，費用又很低；一個機構所需要負擔的費用大約只有一千美金左右，個人通常是免費，所以它很快就取代了傳統的郵件，成爲受人歡迎的溝通方式。

一九七八年，一種以俱樂部方式招徠會員的電腦網路也開始在美國芝加哥興起，並且在民國七十二年傳入臺灣。這種稱之爲 BBS（Buelletin Board System）的網路非常有彈性；任何人想要招兵買馬，只要有一臺電腦、外加一部數據機，連上電話線路就可以了，花費不過數萬元。加入的會員不但可以和同一網路中的使用者隨時互通消息，交換有關電腦、汽車、園藝或是任何他們感興趣的資料，他們也可以將網路中提供的軟體免費「叫」到自己的終端機上來使用。

BBS、學術性電腦網路、再加上包括電傳視訊和檢索系統這些商業性的電腦資訊網路，現在估計全球已經有大約兩千萬人經常在使用電腦

網路做各種各樣的事情（Kantrowitz, et al., 1993）。由於電腦通常是由一個人使用，不容許他人插手，因此它不如看電視，可以成為一種家庭或羣體的活動。由一個觀點來看，是導致人際關係疏離的一個潛在因素，也因此有人預言所謂「電子隱士」的誕生；這種人終日與電腦為伍，足不出戶，漸漸成為社會中孤立的個體。姑不論個人電腦出現的這麼多年當中，我們周圍已經出現了多少這樣的電子隱士，同樣不可否認的，是電子網路同時幾乎無限制的擴展了個人交往的空間。在電子網路上，任何人都可以成為朋友。美國一名 BBS 的使用者說，她在電子網路上結交的朋友已經超過四十個；其中有律師、博士班的學生、甚至一些曾在監獄中進出過的人。至於在網路上相識、以至於結婚者，也不乏其人。此外，開放式的網路還使得一些志同道合、或是有共同需要的人有了溝通、認識的機會。在臺灣，大多數的 BBS「玩家」都是青少年，但是在其他的國家，也有一些涵蓋各個年齡、教育背景、職業和社會階層的專門網路。美國一個幫助父母解決問題的「家長網路」，就有五萬多名使用者。由這一股「網路熱」來看，美國副總統高爾（A. Gore）所提出的「資訊高速公路」計劃，不過是順水推舟的作法而已。

　　由於上述傳播科技的發展，影視節目的來源不但較之十年前增加了許多，連國與國之間的界線也不復存在。一般人家庭中的「玩意兒」是越來越多了。早年就已經流行過的電子遊樂器、錄影機早就已經不夠看；真正「現代」的人還得要有互動式影碟，最好再加上高畫質電視和電腦多媒體設備。

　　有了這麼多的「玩意兒」之後，我們的生活有了一些什麼樣子的變化呢？最明顯的，可能是花在影視娛樂上的時間越來越長了。以前看電視，只有三、四個頻道可以選擇，但是現在光是有線電視就有三、四十個頻道，再加上衛星電視、錄影帶和影碟，好看的節目這麼多，怎麼捨得不看？這還不算五花八門的各種電腦軟體和網路上可以「叫」出來的

電子遊戲。

　　根據收視調查，美國人花在看電視上的時間已經由一九六一年的每天2.17小時增加了三倍以上，到一九九一年的每天 7.3 小時，也就是幾乎一天1/3 的時間都是坐在電視機前面度過的 (Minow, 1991:11)。這個數字雖然每個國家不同，但是增加的趨勢卻絕少逆轉。換言之，影視娛樂不但早已成爲人們主要的休閒活動，它甚至已經開始「進入」到我們人際交往、三餐、工作、甚至睡眠的時間。調查顯示，今天許多家庭唯一的共聚時光──晚餐，就經常是與看電視同時進行的。

　　影視娛樂受歡迎的結果，是造就了龐大的影視事業。雖然全球性經濟一片不景氣，新的影視媒介，包括有線電視、衛星電視、與錄影帶租售業的業務卻蒸蒸日上。一九八八年，美國有線電視的廣告收益有11億美元，這還不算 200 億美元的訂費收入。錄影帶租售的營收不落人後，也有29億美元。值得注意的是，在一片強敵環伺之下無線電視廣告收入竟然呈現了形勢大好之勢。收視率下降了近三成的美國無線電視網廣告收入在一九九一年是240億美元，爲三十年前的20倍 (Minow, 1991)。在亞洲，無論是四小龍的臺灣、新加坡、香港或是馬來西亞、泰國和印尼，電視廣告也穩定增加 (Wang, 1993)。如果影視市場是一個大餅，則這個大餅已經增長了好幾倍，而且看起來還會繼續增長。

　　影視文化的高度發展，使得感官效果不能相比的「純文字」相形失色。近年來出版業爲了提高產品的吸引力，紛紛推出有聲、甚至有影的「立體書」，報紙也上了資訊網路。多樣化的表現形式雖然拓展了印刷品發展的空間，但是這些措施似乎並沒有能夠挽回印刷媒介的頹勢；在新媒介和經濟不景氣的雙重夾擊之下，許多地區的雜誌與報紙銷數紛紛滑落，廣告量減少，使得媒介主不得不降價促銷（《民生報》，民國八十二年十一月十二日，頁二十八）。除了印刷媒介在資訊時代的前途之外，上述現象使我們也不能不對一個更爲根本的問題產生疑惑：文字在

未來人類社會所扮演的角色究竟是什麼？影視的擡頭會以文字的沒落為代價嗎？

根據考據，文字是在人類出現在地球上三萬多年以後才漸漸發展出來的（Williams, 1981）。文字使人類得以跨越時空傳遞訊息、累積經驗。它不但是人類文明的基礎，甚至也影響人們思考的方式與過程；沒有文字，人們將難以發展科學、或是從事抽象的思考（Finnegan, 1988）。但是無論文字有多麼重要，我們都無法否認人類對文字與影像的接受能力並不相同。

早在一九五〇年代，科學家就注意到人需要更長的時間去理解文字資料（Ruesch and Kees, 1956）：如果我們看到的是一幅圖畫，也許我們不能够一眼就把每一個細節看得十分清楚，但是主要的內容已經映入眼簾，並直接記錄在腦海當中。理解與資訊的接收往往是同時間發生的；我們毋須費任何力氣去分析、解讀、或重複這些訊息。非但如此，實驗也證實，人們對於影像的記憶能力幾乎是無限的（Haber, 1970）。

相對的，如果我們接觸到的是文字或聲音的資訊，我們就必須依照原先在腦海中所儲存的資訊，按先後次序一段一段的「解讀」這些片段，再將解讀的結果與繼續傳來的資訊組合成有意義的文句。這使得我們在「了解」到所收到的訊息之前，必須先動員許多不同的「記憶庫」（memory）；即使所有需要的「記憶庫」都存在，這個過程也需要一些時間（Perfetti, 1977）。

除了解讀的過程繁複，文字資訊還受到其他一些不利因素的影響。它不但像數字一樣，不同的放置位置有不同的意義，字與詞的意涵並且要視其上下文意才能確定。也就是說，我們在學習使用文字時，得要知道單一個字的意義、還有它在文法、語意上與其他字合併使用的規則。在這種情況下，越是內容與我們親身經驗相近的——也就是所謂「辭彙距離（rhetorical distance）」越短的、抽象程度越低的資訊，也越容

易了解，相反則否（Sinatra, 1986）。但是我們又如何要求文字資訊局限在個人親身經歷所及的範疇之內呢？

由人類對文字與影像資訊接受、理解、以及記憶的能力來看，或許我們對於影視的迅速崛起可以有個初步的了解。何況今天影視節目的製作人員已經充分掌握觀眾對影像注意力的特質；他們知道觀眾在每隔一段時間之後就需要一些刺激來維持繼續觀看的興趣。先天的優勢加上影視產品日益精進的製作技巧，就難怪人們在影視產品上所花費的時間日益增加。

影視節目的特色、功能與訴求既然都有別於文字，所造成的長、短期影響自然也不相同。這方面的研究不多，但是我們可以輕易看得出來，影像寫實的特性雖然為它帶來理解與記憶上的優勢，商業化的結果卻使影視產品長期停留在淺顯、富刺激的題材上，這些題材不但難以帶給觀眾太多想像的空間，也使得影視資訊無力帶動抽象思考，造成觀眾長時期只知被動接受刺激的現象。影視的這種特性使得許多人憂心不已。日本的有識之士就曾經指責電視將一億日本人「白癡化」，而法國則有人稱影視媒介每年為法國帶來七萬名的「知識殘障者」。如果在讀書風氣盛行的日本和法國都有這樣的顧慮，則一波又一波的影視革命對於調查中一再顯現不好讀書的臺灣民眾，又會有什麼影響呢？

無論影視的魅力如何，未來人類不可能完全拋棄文字。但是以目前的情況判斷，即使未來的社會真是以資訊的生產與消費為主要動力，這裡所指的資訊恐怕主要是影視、而非文字資訊。這種以影視文化為主的資訊社會與貝爾、梅棹忠夫、與增田米二等人構想中的後工業社會或資訊社會究竟有什麼樣的差別？再者，當影像越來越受重視，不但印刷媒介的前途受到影響，文字的吸引力也有降低的趨勢。在這種情況之下，日本學者所期待的精神生活的提升有可能實現嗎？這些發展的社會義涵又是什麼呢？

　　檢視世界資訊化的結果，我們得到的答案似乎還不如新發現的疑問多。但是歸根究底，一切問題的癥結還是在人本身。

五、以人為中心的資訊時代

　　根據貝爾的說法，後工業社會的概念是根據社會結構的改變發展而來的。不過他自己也不得不承認，他所謂的「社會因素」其實主要只是經濟勞動人口分布、職業角色與分工程度的改變、以及科技與上述改變的關係；並不是一種全面性的考慮。爲了怕別人誤會他是在宣揚另一種形式的「決定論」，貝爾特別聲明他只是想指出社會結構的改變會對社會其他層面造成一些問題，而並沒有主張這些改變會「決定」政治或文化的未來 (Bell, 1976, p. 13)。

　　雖然貝爾苦心解釋，但是對於許多細心的讀者而言，無論是後工業社會、資訊社會、以至於傳播革命的概念都還是帶有頗爲濃重的決定論色彩。正如社會工業化導致都市的形成、生活方式、人際關係、乃至於價值觀念的改變，同樣的貝爾、梅棹忠夫等人也預測經濟活動形態的改變與資訊科技發展將使人類社會再度改觀。他們與我們在第二章所提到的悲觀論者的差別，只是在資訊化結果的好壞，而不是在科技影響的大小。換言之，悲觀論者雖然認爲資訊科技會使人類文明進一步沉淪，他們卻也絕少質疑科技的能耐究竟有多麼大。因此在經濟與科技的影響力方面，主張與反對資訊化的學者看法竟然是大致相同的。

　　針對這種言論趨勢，佛格遜 (Ferguson, 1986: 53) 曾經有過一番中肯的評論：

　　「在某方面來看，應用『資訊科技』所能發揮的影響可以說是被高估，但是也被低估了。互相競爭的『進步與繁榮』論調和『毀滅與缺

陷』說法呈現了新科技決定論的兩種面貌。根據他們的理論，這些新科技（幾乎）只有好處、或（幾乎）只有壞處。這兩種論點與評論的共同之處，是它們都主張由電訊傳播所促成的貿易、以及電腦輔助的教學、設計、製造以及娛樂可以改造社會。比較不清楚的是，這些科技是否仍只是一種有意或無意間影響了改變的工具，或是它本身已經成為一種目的。」

　　由全世界各個角落資訊化的方向來看，似乎我們處處可以找到把資訊化本身當成目的、而非達到某些社會目標的工具的作法。政府、企業、學校盲目的採購各式各樣的資訊設備，卻不問這些器材與設備能夠幫忙改善什麼狀況、解決什麼問題。對本身需求與科技的功能缺乏了解，往往造成難以彌補的浪費與損失。

　　或許，我們可以把一九八〇年代，也是資訊化的第一個十年看作是資訊化嘗試錯誤的第一步。在這十年當中，我們看到資訊科技所能展現的影響力，但是我們也看到它們的失敗與限制；很明顯的，科技所到之處，絕不是望風披靡的景象。相反的，有太多其他的因素在影響應用科技的效果。而一切的關鍵還是在人；人創造了科技，人也決定科技能扮演什麼角色。當人無法適應資訊化所帶來的種種變化，最後的結果總是資訊科技去遷就人，而不是人遷就科技。

　　或許，我們可以把未來的十年與二十年當成是一個激情過後的務實年代。以第三世界為例，這些國家不但經歷一九六〇與七〇年代以傳播媒介帶動社會變遷的失敗，也目睹了當年口口聲聲自給自足的中國大陸式改革的下場。如今傳播革命的確帶來一些新希望，但是過分強調科技的魔力，只會令人有舊瓶裝新酒的疑惑（Lent, 1987）。正如瑞衛拉（Jayaweera, 1987）所指出的，發展中國家不可能再相信自力救濟式的發展策略，但是在擁抱科技之前，也必須先弄清楚自己需要什麼，而傳

播科技又能提供什麼。同樣的，企業組織、以至於資訊工業本身也都在挫折中學習調整腳步。

對於以觀察資訊化爲職志的學界而言，**繼續**爭辯資訊科技的善與惡可能已經不再有太多的意義，相對的，我們需要更密切的注意資訊科技究竟是被用來滿足了誰的什麼需求，它的影響又是什麼。

或許，由現在回顧過去，我們總是很容易看到前人所犯的錯誤，正如後世的人也很容易看到我們的錯誤。社會科學雖然容許我們掌握人類社會變化的一些要素，人的世界卻不同於傀儡的世界，可以允許我們以幾根繩索輕易操控變化的方向。如何正確的去解釋與預測複雜的社會現象和自己同類——人的思想、行爲，在過去是、現在是、未來也將永遠是社會科學家最大的挑戰。

附 錄 A

電話、電視、收音機、報紙普及率、識字率，與第三級教育之資料。

表 1　電話普及率（平均每千人計）

年 份	全 部 國 家 （國家數）	低 收 入 （國家數）	中 收 入 （國家數）	高 收 入 （國家數）
1970	65.4(93)	5.3(39)	35.8(27)	181.7(27)
1980	117.2(86)	13.1(33)	65.1(25)	286.5(28)
1981	135.9(76)	15.4(27)	77.5(24)	321.9(25)
1982	138(88)	12.0(33)	84.6(26)	329.4(29)
1983	102.2(134)	10.8(66)	73.6(38)	339.4(30)
1984	134.9(94)	12.4(38)	85.8(28)	350.4(28)
1985	119.2(120)	12.8(57)	86.1(34)	366.8(29)
1986	132.9(103)	10.1(48)	97.6(28)	387.9(27)
1987	127.8(122)	14.8(59)	99.6(34)	390.9(29)
1988	130.69(110)	11.2(53)	101.4(32)	421.4(25)
1989	142.9(108)	17.7(51)	110.7(31)	427.1(26)
1990	145.1(117)	17.9(55)	116.1(36)	454.1(26)
1991	141.2(121)	18.4(61)	121.1(35)	468.9(25)

表 2 電視機普及率 (平均每千人計)

年　份	全部國家 (國家數)	低收入 (國家數)	中收入 (國家數)	高收入 (國家數)
1970	87.6(108)	10.6(43)	64.0(36)	230.9(29)
1980	130.2(122)	24.4(56)	128.8(36)	329.2(30)
1981	133.5(106)	26.7(51)	139.9(29)	335.8(26)
1982	135.6(111)	27.4(53)	137.0(31)	346.2(27)
1983	153.6(102)	30.4(44)	143.8(31)	365.3(27)
1984	—	—	—	—
1985	147.1(130)	32.5(64)	171.9(36)	361.8(30)
1986	147.3(128)	33.7(63)	171.9(37)	370.7(28)
1987	140.8(119)	32.9(61)	164.6(34)	381.5(24)
1988	—	—	—	—
1989	164.1(131)	40.2(63)	180.2(38)	403.9(30)
1990	—	—	—	—
1991	161.3(120)	58.2(63)	175.1(33)	413.0(24)

表 3 收音機普及率 (平均每千人計)

年　份	全部國家 (國家數)	低收入 (國家數)	中收入 (國家數)	高收入 (國家數)
1970	165.04(112)	57.22(54)	158.13(32)	397.50(26)
1980	265.91(132)	102.05(64)	279.68(38)	598.03(30)
1981	265.30(123)	105.49(63)	290.48(33)	607.41(27)
1982	275.59(118)	115.37(60)	300.71(31)	602.81(27)
1983	303.06(107)	126.10(49)	310.45(33)	640.12(25)
1984	—	—	—	—
1985	315.28(130)	148.17(64)	345.54(37)	645.45(29)
1986	322.12(134)	153.27(67)	350.03(38)	675.66(29)
1987	—	—	—	—
1988	—	—	—	—
1989	338.34(134)	159.91(67)	371.00(38)	707.79(29)

表 4 報紙普及率 (平均每千人份數)

年 份	全 部 國 家 （國家數）	低 收 入 （國家數）	中 收 入 （國家數）	高 收 入 （國家數）
1970	136.67(64)	17.39(23)	112.95(22)	308.53(19)
1980	148.00	18.63	112.37	377.38
1981	—	—	—	—
1982	154.00(67)	26.77(31)	129.33(15)	359.43(21)
1983			—	—
1984	139.43(80)	16.97(34)	128.96(23)	330.91(23)
1985	—		—	—
1986	149.37(84)	23.18(34)	115.33(24)	340.96(26)
1987			—	—
1988	150.08(77)	24.19(32)	128.45(22)	340.43(23)
1989	—		—	—

表 5 識字率

年 份	全 部 國 家 （國家數）	低 收 入 （國家數）	中 收 入 （國家數）	高 收 入 （國家數）
1970	64.4(49)	50.8	72.5(23)	78.9 (6)
1985	62.4(88)	51.7(57)	80.4(25)	89.2 (6)

＊百分比

表 6　高等教育學生佔同年齡人口百分比

年　份	全部國家 （國家數）	低　收　入 （國家數）	中　收　入 （國家數）	高　收　入 （國家數）
1970	6.90(103)	2.28(53)	8.49(30)	16.76(20)
1980	12.66(110)	5.02(49)	14.69(33)	23.64(28)
1981	13.39(108)	5.48(51)	16.64(32)	25.35(25)
1982	13.27(110)	5.85(53)	15.56(32)	26.05(25)
1983	13.55(111)	6.25(53)	14.96(32)	26.69(26)
1984	14.14(95)	5.73(42)	15.18(27)	26.66(26)
1985	14.65(97)	6.14(43)	15.95(31)	28.79(23)
1986	14.49(112)	6.63(54)	16.23(32)	28.67(26)
1987	15.74(52)	7.05(20)	15.61(19)	29.29(13)

表 7　錄影機普及率（每百個有電視機家庭計）

年　份	全部國家 （國家數）	低　收　入 （國家數）	中　收　入 （國家數）	高　收　入 （國家數）
82	10.6(57)	10.8(15)	7.8(20)	13.1(22)
88	34.51(67)	26.7(18)	26.9(25)	48.3(24)
94	43.75(73)	25.6(19)	34.9(28)	66.4(26)

附　錄　B

表 1　依平均國內生產毛額分類的國羣 *

高收入國（平均國內生產毛額）			
西班牙	9,330	法國	17,820
以色列	9,790	阿拉伯聯合大公國	18,430
香港	10,350	加拿大	19,030
新加坡	10,450	德國 **	19,900
紐西蘭	12,070	丹麥	20,450
澳洲	14,360	美國	20,910
英國	14,610	瑞典	21,570
義大利	15,120	芬蘭	22,120
荷蘭	15,920	挪威	22,290
科威特	16,150	日本	23,810
比利時	16,220	瑞士	29,880
奧地利	17,300		
中收入國（平均國內生產毛額）			
土耳其	1,370	巴西	2,540
波鰲那	1,600	匈牙利	2,590
約旦	1,640	烏拉圭	2,620
巴拿馬	1,760	南斯拉夫	2,920
智利	1,770	加彭	2,960
哥斯達黎加	1,780	伊朗	3,200
波蘭	1,790	葡萄牙	4,250
模里西斯	1,990	韓國	4,400
墨西哥	2,010	澳門	5,220
阿根廷	2,160	利比亞	5,310
馬來西亞	2,160	希臘	5,350

阿爾及利亞	2,230	沙烏地阿拉伯	6,020
保加利亞	2,320	塞浦路斯	6,260
委內瑞拉	2,450	愛爾蘭	8,710

低收入國（平均國內生產毛額）

烏干達	250	埃及	640
薩伊	260	塞內加亞	650
馬利	270	葉門	650
尼日	290	辛巴威	650
布隆地	320	菲律賓	710
盧安達	320	象牙海岸	790
印度	340	多明尼加	790
中國	350	摩洛哥	880
海地	360	宏都拉斯	900
肯亞	360	瓜地馬拉	910
巴基斯坦	370	剛果	940
中非共和國	390	敍利亞阿拉伯共和國	980
迦納	390	喀麥隆	1,000
多哥	390	秘魯	1,010
尚比亞	390	厄瓜多爾	1,020
幾內亞	430	那米比亞	1,030
斯里蘭卡	430	薩爾瓦多	1,070
賴索托	470	巴拉圭	1,030
印尼	500	哥倫比亞	1,200
茅利塔尼亞	500	泰國	1,200
安哥拉	610	牙買加	1,260
玻利維亞	620	突尼西亞	1,260

擁有特別高或特別低之經濟成長率的國家，會在各個分類中移動，但一般而言
這樣的國羣是相當穩定的。

＊以美金計。

＊＊在統一前，德國被視爲兩個國家。

資料來源：世界銀行，《世界發展報告》，1991，及美國商務代表，《美國統
　　　　　計摘要》，1991, p. 840。

表 2 平均國內生產毛額 ❶ (以美金計)

	1970	1975	1980	1981	1982	1983	1984	1985	1986	1987	1988
高收入國											
澳洲	2,947	—	9,820	11,080	11,140	11,490	11,740	10,830	11,920	11,100	12,300
加拿大	3,844	—	10,130	11,400	11,320	12,310	13,280	13,680	14,120	15,160	16,960
法國	2,275	—	11,730	12,190	11,680	10,500	9,760	9,540	10,720	12,790	16,960
日本	1,887	—	9,890	10,080	10,080	10,120	10,630	11,300	12,840	15,760	21,020
紐西蘭	2,235	—	7,090	7,700	7,920	7,730	7,730	7,010	7,460	7,750	10,000
新加坡	—	—	4,430	5,240	5,910	6,620	7,260	7,420	7,410	7,940	9,070
英國	2,194	—	7,920	9,110	9,660	9,200	8,570	8,460	8,870	10,420	12,810
美國	4,789	—	11,360	12,820	13,160	14,110	15,390	16,690	17,480	18,530	19,840
中收入國											
巴西	497	—	2,050	2,220	2,240	1,880	1,720	1,640	1,810	2,020	2,160
哥斯達黎加	569	—	1,730	1,460	1,430	1,020	1,190	1,300	1,480	1,610	1,690
馬來西亞	393	—	1,620	1,840	1,860	1,860	1,980	2,000	—	1,810	1,940
韓國	265	—	1,520	1,700	1,910	2,010	2,100	2,150	2,370	2,690	3,600
臺灣	389	970	2,348	2,683	2,654	2,819	3,134	3,234	3,897	5,169	6,177
委內瑞拉	1,099	—	3,630	4,220	4,140	3,840	3,410	3,080	2,920	3,230	3,250
低收入國											
埃及	217	—	580	650	690	700	720	610	760	680	660
印度	100	—	240	260	260	260	260	270	290	300	340
菲律賓	186	—	690	790	820	760	660	580	560	590	630
泰國	181	—	670	770	790	820	860	800	810	850	1,000
辛巴威	—	—	630	870	850	740	760	680	620	580	650

❶ 平均國內生產毛額資料得自世界銀行出版之《世界發展報告》(The World Development Report), 1989, 紐約: 聯合國; 與 Baring Securities/Jardine/愛爾蘭自治政府 (IFS)。

表 3 電話主線❷ (每百個居民)

	1970	1975	1980	1981	1982	1983	1984	1985	1986	1987	1988
高收入國											
澳洲	—	25.8	32.5	35.9	35.9	37.2	38.8	40.1	41.4	55	—
加拿大	—	37.3	41.4	42.1	41.7	41.8	45.1	46.3	48.6	70	—
法國 *	—	16.0	28.9	32.1	35.0	37.4	39.2	40.8	42.2	60	—
德國	—	22.1	33.4	35.3	36.9	38.3	40.3	42.0	43.2	65	—
日本	—	30.0	33.1	34.0	35.2	36.0	36.7	37.8	37.1	38	—
紐西蘭	—	33.1	35.1	36.1	36.8	37.1	37.5	38.3	39.4	40	—
新加坡	—	12.5	21.7	23.6	25.3	27.0	29.2	31.0	31.9	44	52.4
英國	—	24.1	31.7	33.1	34.1	34.8	35.8	37.1	38.3	40	—
美國	—	35.5	41.2	41.0	41.0	41.5	42.4	42.5	44.0	46	49.5
中收入國											
巴西	—	2.7	3.9	4.2	4.5	4.7	5.0	5.12	5.2	7.3	9.3
哥斯達黎加	—	5.2	7.1	7.3	7.8	7.9	8.1	8.2	8.1	13.7	—
馬來西亞	—	4.9	3.0	3.6	4.3	4.8	5.6	6.1	6.4	9.1	—
韓國 * *	—	4.2	7.3	8.9	10.6	12.3	14.1	16.1	18.4	—	—
臺灣	—	6.9	17.7	21.0	23.6	25.8	27.7	29.3	31.1	33.2	35.9
委內瑞拉	—	4.8	—	—	6.5	6.3	6.5	7.0	7.4	9.2	—
低收入國											
埃及	—	.9	—	—	1.1	1.3	—	1.9	2.1	—	2.8
印度	—	.3	.3	—	.3	.3	.4	.4	.4	—	.6
印尼	—	.2	.3	.3	.3	—	—	—	—	—	.5
菲律賓	—	.8	.9	.9	1.0	.9	.9	.9	1.7	—	1.5
泰國	—	.6	.8	.8	.9	.9	1.0	1.2	—	—	1.9
辛巴威	—	1.3	1.3	1.3	1.4	1.4	1.4	1.4	1.3	—	3.2

* 西德: 資料取得於統一前。

* * 以每百人電話機數計。

❷ 電話與資料終端設備未自世界電訊聯盟,《電訊統計年鑑》(15版),1988。

表 4　電視機③（每千個居民）

	1970	1975	1980	1981	1982	1983	1984	1985	1986	1987
高收入國										
澳洲	220	324	381	380	428	429	—	446	472	483
加拿大	333	413	443	489	460	481	—	516	546	577
法國	353	361	369	375	354	360	394	402	432	467
德國 *	275	311	337	348	—	—	—	373	379	385
日本	219	—	539	551	560	563	—	580	585	587
紐西蘭	234	259	272	285	289	288	—	—	358	369
新加坡	132	153	165	170	172	188	—	195	213	234
英國	—	359	401	411	457	479	—	437	534	434
美國	413	560	684	631	646	790	—	798	813	811
中收入國										
巴西	64	—	124	122	122	127	—	184	188	191
哥斯達黎加	58	65	71	72	86	76	—	77	79	79
馬來西亞	12	37	—	—	—	—	—	—	113	140
韓國	13	53	165	175	174	175	175	188	194	—
臺灣	—	—	—	—	—	—	—	—	—	—
委內瑞拉	—	101	114	126	126	128	—	130	141	142
低收入國										
埃及	16	17	34	40	41	44	—	82	83	83
印度	.7	.7	2.2	1.8	2.9	—	—	—	6.5	6.9
印尼	—	2.2	20	21	23	23	—	39	39	40
菲律賓	11	18	21	22	25	26	—	28	36	36
泰國	—	16	17	17	17	17	—	97	100	103
辛巴威	10	10	10	10	11	12	—	14	14	22

* 西德：資料取得於統一前。

③ 每千人所擁有之電視機數。每千位居民所擁有之報紙發行數、識字率之百分比、每千位學生參加第三級學校之人數
等資料，取自《聯合國人口統計年鑑》；《聯合國教科文組織 (UNESCO) 統計年鑑》；Showers 之《世界現況
與數字》(World Facts and Figures, 1989)；《經濟著作》(The Economic Books, Ltd., 1990)。

表 5　報　紙④ (每千個居民)

	1970	1975	1980	1981	1982	1983	1984	1985	1986
高收入國									
澳洲	321	392	337	—	—	—	296	—	264
加拿大	—	214	241	—	226	—	220	—	225
法國國*	238	201	—	—	191	—	212	—	193
德國	325	367	408	—	408	—	350	—	344
日本	511	545	569	—	575	—	562	—	566
紐西蘭	375	—	345	—	325	—	—	—	328
新加坡	198	200	249	—	286	—	277	—	357
英國	—	429	451	—	421	—	414	—	421
美國	303	281	282	—	269	—	268	—	259
中收入國									
巴西	—	45	44	—	—	—	57	—	48
哥斯達黎加	102	88	71	—	77	—	72	—	—
馬來西亞	72	85	—	—	—	—	323	—	—
韓國	138	—	—	—	—	—	—	—	—
臺灣	—	—	—	—	—	—	—	—	—
委內瑞拉	—	89	176	—	—	—	186	—	—
低收入國									
埃及	23	30	—	—	76	—	43	—	50
印度	—	19	20	—	—	—	21	—	28
印尼	—	—	—	—	—	—	18	—	16
菲律賓	—	—	—	—	—	—	—	—	—
泰國	21	—	—	—	53	—	—	—	—
辛巴威	16	19	16	—	21	—	22	—	24

* 西德：資料取得於統一前。

④ 同③。

表 6　公共電話與商務交換電報網路上資料終端設備之總數⑤（以千計）

	1970	1975	1980	1981	1982	1983	1984	1985	1986	1987	1988	1989
高收入國												
澳洲	—	4.0	7.8	10.7	13.4	16.2	17.1	18.9	14.4	—	—	—
加拿大	—	—	—	—	—	—	—	—	—	—	—	—
法國	—	10.6	19.1	21.8	26.9	—	—	—	40.4	—	—	—
德國 *	—	—	—	46.4	51.3	60.9	71.2	86.5	106.0	—	—	—
日本	—	—	—	.75	.75	.52	.55	.50	—	—	—	—
紐西蘭	—	.03	.07	.11	.10	1.14	1.14	1.14	—	—	—	—
新加坡	—	—	—	—	—	.78	1.3	1.6	3.3	—	—	—
英國	—	45.8	66.6	81.5	93.3	98.6	—	—	—	—	—	—
美國	—	—	—	—	—	6.0	9.0	12.0	15.0	17.0	19.0	20.0
中收入國												
巴西	—	—	—	—	—	1.7	—	—	—	—	—	—
哥斯達黎加	—	—	—	—	—	—	—	—	—	—	—	—
馬來西亞	—	—	—	.10	—	—	.36	.81	1.9	—	—	—
韓國	—	—	—	—	—	—	—	4.1	—	—	—	—
臺灣	—	—	—	—	—	.82	—	—	—	—	—	—
委內瑞拉	—	—	—	—	—	—	—	—	—	—	—	—
低收入國												
埃及	—	—	—	—	—	5.3	2.5	4.4	—	—	—	—
印度	—	—	.02	—	—	.024	.04	.16	—	—	—	—
印尼	—	—	—	—	—	—	—	—	—	—	—	—
菲律賓	—	—	—	—	—	.65	.73	.81	.96	—	—	—
泰國	—	—	—	—	—	—	—	—	—	—	—	—
辛巴威	—	.001	.001	—	.01	—	—	—	—	—	—	—

* 西德：資料取得於統一前。

⑤ 同②。

表 7　資訊產業⑥　（整體勞動力之百分比）

	1970	1975	1980	1981	1982	1983	1984	1985	1986	1987	1988	1989
高收入國												
澳洲	39.4	43.8	46.2	47.3	48.6	49.1	49.7	49.9	45.0	46.0	45.6	45.0
加拿大	—	—	50.9	51.6	52.9	53.1	53.8	54.3	54.8	54.9	55.7	55.8
法國*	—	44.1	45.3	—	47.0	45.0	46.9	47.3	46.7	46.9	47.5	47.0
德國*	—	40.7	43.0	43.6	44.4	—	45.6	45.3	45.7	49.6	51.2	47.5
日本	—	—	35	—	37	—	40.0	—	48.6	—	52.0	52.0
英國	—	44.7	42.9	42.8	44.3	45.5	46.5	46.5	46.2	47.0	46.2	46.8
美國	39.2	49.8	52.2	52.7	53.7	54.4	54.6	55.1	55.6	55.9	56.3	56.7
中收入國												
巴西	—	—	27.9	27.9	27.9	28.0	28.5	29.0	30.2	30.2	31.2	32
哥斯達黎加**	—	24.3	—	34.8	32.8	35.0	35.4	37.8	37.5	30.4	31.2	31.7
馬來西亞	—	22.6	26.6	26.6	28.4	28.5	29.5	30.7	30.8	30.9	—	33
韓國	—	28.3	29.1	29.2	30.6	32.1	32.9	34.3	34.3	34.1	34.6	35.4
臺灣***	—	34.2	31.8	32.7	33.1	33.4	33.7	34.2	34.3	35.1	37.2	38.5
委內瑞拉	—	—	38.0	38.4	38.8	39.3	39.0	38.6	38.7	39.2	39.6	40.6
低收入國												
埃及	—	20.7	26.2	27.4	28.4	28.0	30.1	30.1	31.2	31.4	31.5	31.8
印度	—	—	—	—	—	—	—	—	—	—	—	—
印尼	—	18.2	21.9	22.9	21.6	22.4	23.6	22.2	23.8	24.0	23.0	24.9
菲律賓	—	—	13.9	16.3	18.0	17.4	16.5	17.2	17.4	17.6	17.8	18.2
泰國	—	—	—	—	22.8	—	—	23.7	—	—	23.9	—
辛巴威	—	—	—	—	—	—	—	—	—	—	—	—

* 西德。資料取得僅於統一前的第二分類並未包括在內。

*** 世界勞工組織年鑑中的第一分類。

**** 資訊產業資料取得自臺灣資料年鑑，1989。

⑥ 資訊產業包含 (1) 專業、科技與相關職業 (2) 管理職業 (3) 管理、科技與相關職業 (4) 所做的辨識資訊及知識的辦識資訊工作者之非統計法相較，本統計法之誤差在±4%之間，本統計法之非統計工作法相較，業勞工總數百分比（L）。

資訊業勞務勞動生產力之計算源自年鑑中之前四大勞工分類：資料與相關工作者 (3) 文書記錄與相關工作者 (4) 銷售員，與波拉特 (Porat)所做的辨識資訊及知識的辦識資訊工作者之非統計法相較，本統計法之誤差在±4%之間，之中細節請參照附錄C資訊產業。

表 8　資訊產業稅與國內生產毛額之比❼ （以美金千元／人計）

	1970	1975	1980	1981	1982	1983	1984	1985	1986	1987	1988
高收入國											
澳洲	—	—	51.0	—	53.0	—	—	49.0	55.2	—	72.6
加拿大	—	—	48.0	49.8	49.7	57.1	56.8	56.4	51.2	—	63.9
法國	—	—	50.0	—	52.7	—	49.2	49.6	70.8	71.2	73.4
德國＊	—	—	43.7	46.3	42.4	—	47.7	50.5	73.2	85.8	96.6
日本	—	—	35.0	—	29.0	31.4	33.4	32.5	36.1	—	31.2
紐西蘭	—	—	22.8	—	—	—	—	—	32.7	—	41.7
新加坡	—	—	—	—	—	—	—	—	—	—	—
英國	—	—	—	—	—	—	—	—	—	—	—
美國	—	—	50.0	54.6	56.3	59.7	63.4	66.8	68.7	68.3	74.9
中收入國											
巴西	—	—	15.0	16.7	—	18.8	—	20.1	—	22.1	15.7
哥斯達黎加	—	—	10.0	—	10.3	—	—	12.2	—	—	—
馬來西亞	—	—	18.5	18.4	15.6	20.6	22.6	18.0	20.0	23.9	24.0
韓國	—	—	14.6	16.1	—	16.5	17.6	16.8	22.3	—	29.4
臺灣	—	—	—	—	—	—	—	—	—	—	—
委內瑞拉	—	—	37.2	—	36.7	—	—	25.2	—	26.2	27.3
低收入國											
埃及	—	—	8.8	8.5	9.2	—	8.1	—	8.2	—	8.5
印度	—	—	—	—	—	—	—	—	—	—	—
印尼	—	—	6.3	9.5	7.2	—	—	6.2	6.3	6.4	6.8
菲律賓	—	—	9.5	—	9.4	8.0	7.5	6.8	—	6.9	7.6
泰國	—	—	9.8	10.8	9.4	—	—	9.8	9.5	10.2	10.8
辛巴威	—	—	—	—	—	—	—	—	—	—	—

＊ 西德。資料取得於統一前。

❼ 資訊產業對國內生產毛額之貢獻，取自世界銀行之《世界發展報告》（World Development Report），計算 Q/Li，此處之 Q 代表國內生產毛額，Li 則為資訊勞動力。

表 9 資訊產業與製造業生產力之比 ⑧

	1970	1975	1980	1981	1982	1983	1984	1985	1986	1987	1988
高收入國											
澳洲	—	—	—	—	2.46	2.52	2.59	2.56	2.61	—	2.85
加拿大	—	—	2.78	2.81	2.74	2.85	2.66	2.82	2.88	—	3.10
法國	—	—	—	—	—	—	—	—	—	—	—
德國 *	—	—	3.10	3.12	3.21	—	3.17	3.04	3.42	—	3.65
日本	—	—	—	—	2.99	2.94	3.03	3.10	3.44	3.55	—
紐西蘭	—	—	—	—	—	—	—	—	—	—	—
新加坡	—	—	2.26	2.52	2.46	2.52	2.59	2.56	2.64	—	2.85
英國	—	—	—	—	—	—	—	—	—	—	—
美國	—	—	2.77	2.84	2.84	2.88	2.91	2.92	2.93	2.93	3.03
中收入國											
巴西	—	—	—	2.89	—	3.23	—	—	—	—	—
哥斯達黎加	—	—	—	—	—	1.02	1.18	1.22	1.32	—	—
馬來西亞	—	—	3.03	2.91	—	2.80	2.76	2.76	2.70	2.88	2.25
韓國	—	—	2.79	2.78	2.70	2.68	2.69	2.63	—	—	3.20
臺灣	—	—	—	—	—	—	—	—	—	—	—
委內瑞拉	—	—	3.44	3.35	3.24	—	2.89	—	2.49	—	2.71
低收入國											
埃及	—	—	2.23	2.04	1.98	—	1.90	1.96	—	—	—
印度	—	—	—	—	2.23	—	—	—	—	—	—
印尼	—	—	—	2.86	2.81	—	—	—	—	—	—
菲律賓	—	—	—	—	—	—	—	1.84	1.68	1.83	1.92
泰國	—	—	2.77	2.90	2.50	2.47	2.04	2.80	2.90	—	—
辛巴威	—	—	—	—	—	—	—	—	—	—	—

* 西德。資料取得於統一前。

⑧ 資訊產業製造業生產力貢獻資料，來源同⑦，用以計算 $\log(Q_p/L_p)/(L_i/L)$，此處之 Q_p 代表製造業勞動力，L_p 代表產品勞動力，L_i 與 L 之定義同上。

表10　識字率（百分比）

	1970	1975	1980	1981	1982	1983	1984	1985	1986	1987	1988	1989
高收入國												
澳洲	—	—	—	—	—	—	—	99.0	—	—	—	—
加拿大	—	95.6	—	—	—	—	—	99.0	—	—	—	—
法國	—	—	—	—	—	—	—	—	—	—	—	—
德國*	—	—	98.8	—	—	99.1	—	99.0	—	99.2	—	—
日本	—	—	—	—	—	—	—	99.0	—	—	—	—
紐西蘭	68.9	—	—	—	—	—	—	—	—	—	—	—
新加坡	—	—	82.9	—	—	—	—	86.1	—	—	—	—
英國	—	—	—	—	—	—	99.0	99.0	—	—	—	—
美國	—	—	—	—	—	—	—	99.2	99.1	99.2	99.2	99.1
中收入國												
巴西	66.2	76.8	74.5	—	—	—	—	77.7	—	—	—	—
哥斯達黎加	88.4	—	—	—	—	92.6	93.6	—	—	—	—	—
馬來西亞	58.0	—	69.6	—	—	—	—	73.4	—	—	—	—
韓國	87.6	—	—	92.7	—	—	—	90.4	90.8	91.2	91.7	—
臺灣	79.4	84.2	82.7	88.4	88.9	89.4	89.9	—	—	—	—	—
委內瑞拉	76.5	84.6	—	—	—	—	—	86.9	—	—	—	—
低收入國												
埃及	34.1	38.2	—	41.0	—	—	—	44.5	50.7	—	—	—
印度	—	—	—	—	—	—	—	43.5	—	—	—	—
印尼	56.6	—	67.3	—	—	—	—	64.1	—	—	—	—
菲律賓	82.6	—	83.9	—	—	—	—	85.7	—	—	—	—
泰國	78.6	81.5	88.0	—	—	—	—	91.0	—	—	—	—
辛巴威	—	—	—	—	77.8	—	—	74.0	—	—	—	—

* 西德。資料取得於統一前。

表11　學齡人口進入第三級學校之數目（每千人）

	1970	1975	1980	1981	1982	1983	1984	1985	1986	1987	1988	1989
高收入國												
澳洲	16.6	24.0	25.4	26.0	26.0	26.0	27.0	27.6	28.8	26.0	—	—
加拿大	34.6	39.3	42.1	37.0	39.0	42.0	51.6	55.5	54.8	58.2	—	—
法國	—	24.5	25.5	26.0	27.0	28.0	29.2	29.8	30.0	30.9	—	—
德國*	17.0	24.6	26.2	28.0	30.0	30.0	29.4	29.9	30.1	—	—	—
日本	18.4	24.6	30.5	30.0	30.0	30.0	29.8	28.7	28.9	28.3	—	—
紐西蘭	—	25.7	28.6	26.0	26.0	28.0	—	29.5	33.0	32.0	—	—
新加坡	6.8	9.0	7.9	8.6	10.3	11.8	—	—	—	—	—	—
英國	14.0	18.8	20.1	19.0	22.2	21.7	21.8	22.3	—	—	—	—
美國	49.4	57.3	56.0	58.0	57.1	56.7	56.7	59.6	—	—	—	—
中收入國												
巴西	5.26	10.7	11.9	12.0	12.0	11.0	—	—	10.5	10.9	—	—
哥斯達黎加	10.3	17.7	23.3	26.0	27.0	26.0	21.9	22.7	23.3	24.8	—	—
馬來西亞	—	—	4.3	5.0	4.0	5.1	6.0	6.9	6.8	—	—	—
韓國	9.1	10.3	17.0	18.0	24.0	24.0	—	—	—	—	—	—
臺灣	—	—	—	—	—	—	—	35.5	35.3	36.7	36.5	36.7
委內瑞拉	11.7	16.4	20.4	20.0	22.0	23.4	25.6	24.9	24.9	25.6	—	—
低收入國												
埃及	7.9	13.5	17.6	15.0	15.0	16.0	20.0	20.2	20.4	20.0	—	—
印度	4.4	8.6	—	9.0	8.9	8.9	6.3	—	7.0	—	—	—
印尼	2.7	2.4	3.8	3.0	4.0	5.6	—	—	—	—	—	—
菲律賓	19.9	18.4	27.7	26.0	27.0	26.0	34.1	38.0	38.0	—	—	—
泰國	2.0	3.5	13.1	20.0	22.0	—	19.6	20.0	—	—	—	—
辛巴威	—	1.6	1.3	—	1.0	3.0	2.8	3.2	3.7	—	—	—

＊ 西德。資料取得統一前。

參 考 書 目

英文部分

Alker. H. (1966). Causal inference and political analysis. In J. Beard (Ed.). *Mathematical applications in political science II*. Dallas: Southern Methodist University Press.

"The All-singing, all-dancing computer." (1990, March 17). The Economist, pp. 65-66.

Allen, Booz and Hamilton. (1989). *Strategic partnerships as a way forward in European brodcasting*, London.

Arnal, N. (1990). Les usages telematiques en France et la satisfaction des utilisateur residentiels. Paper presented at the annual conference of International Communication Association, Dublin, Ireland.

Arnal, N., & Jouet, J. (1989). Teletel: A snap shot of residential use. *Technologies of Information and Society*. 2(1). pp. 105-124.

Asian Development Bank annual report. (1993). Manila: Asian Development Bank.

Bagdikian, B. (1983). *The media monopoly*. Bosion, Beacon.

Bailey, M. F., & Gordon, R. J. (1980). The productivity slowdown: Measurement issues and the explosion of computer power. In *Brookings paper on economic activity*, No. 2 (pp. 347-420). Washington, DC: Brookings Institute.

Barnes, J., & Lamberton, D. (1976). The growth of the Australian information society. In M. Jussawalla & D. M. Lamberton(Eds.). *Communication economics and development.* (pp. 128-140). New York: Pergamon.

Bell, D. (1973). *The coming of post industrial society: A venture in social forecasting.* New York: Basic Books.

Bell, D. (1976). The social framework of the information society. In M. Dertouzas & J. Moses (Eds.), *The computer age: A twenty-year view.* (pp. 163-211). Cambridge: MIT Press.

Chaikin, S., & Mathews, W. L. (1988). Will there be teachers in the classroom in the future? ⋯⋯But we don't think about that. In R. O. McClintock(Ed.), *Computing and education* (pp. 80-90). New York: Columbia University Press.

Chu, Godwin; Alfian and Wilbur Schramm. (1985). *satellite television comes to Indonesian villages.* Department of Information, Jakarta, Indonesia: LENKAS/LIPI, Jakarta, Indonesia, EWC, Hawaii.

Compain, B. M. (1988). Information technology and cultural change: Toward anew literacy. In B. M. Compain (Ed.), *Issues in new information technology* (pp. 145-156). Norwood. NJ: Ablex.

Cumming, C. E. and M. Quickfall. (1987) Micros in Africa: policy issues for education. *A report to the (UK) Overseas Development Administration,* London. Edingburgh: Moray House College of Education.

Dahrendorf, R. (1975). *The new liberty.* London: Routledge & Kegan Paul.

"The Datamation global 100." (Various Years, June 15). Datamation.

David, P. A. (1989). *Computer and dynama: The modern productivity paradox in a not-too-distant mirror* (CEPR Pub. No. 172). Palo Alto, CA: Stanford University.

Davis, Ben. (1988) image learning: higher education and interactive video disc. In Robert O. McClintock (ed.) *Computing and education.* New York: Teachers College, Columbia University.

Desmond, Edward w. (1995, February 27). "Can Japan catch the wave?" Time Magazine, pp. 40-45.

Di Martino, V., & Wirth, L. (1990). Telework: A new way of working and living. *International Labour Review.* 129(5). pp. 529-554.

Dordick, H. S. (1987). *Information technology and economic growth in New Zealand.* Wellington: Victoria University Press.

Dordick, H. S. (1989). The social uses of the telephone. In A. Zerdick & U. Lang (Eds.), *Soziologie des telefons* (pp. 221-238). Berlin: Freie Universitat.

Dordick, H. S. (1991). Toward a universal definition of universal services. *Universal telephone service: Ready for the 21st century.* (pp. 109-139). Annual Review of the Institute for Information Studies. Queenstown. MD.

Dordick, H. S., Bradley, H. G., & Nanus, B. (1981). *The emerging network marketplace.* Norwood. NJ: Ablex.

Dordick, H. S., & Dordick, G. A. (1989). *Computers, computer networks and white collar productivity.* Paper presented at the Annual Convention of the International Communications Association. San Francisco.

Dordick, H. S., & Fife, M. D. (1991, April). Universal service in post-divestiture United States. *Telecommunications Policy, 5(2).* pp. 119-128.

Dordick. H. S., & LaRose, R. (1992). *The telephone in daily life: A study of personal telephone use.* Philadelphia: Temple University Press.

Economic Books. Ltd. (1990). *The Economist book of vital world statistics*. UK: Times Books.

Elkington, J., & Shopley, J. (1985). *The shrinking planet*: *U. S. information technology and sustainable development* (Paper 3). New York: World Resources Institute.

Eljul, J. (1964). *The technological society*. New York: Vintage.

Ferguson, M.(1986). *New communication technologies and the public interest*. London: Sage.

Filep, R. (1991, October). Launch vehicles and spacecraft futures. *Satellite Comumnications*. pp. 14-18.

Finnegan, Ruth. *Literacy and orality*: *studies in the technology of communication*. London: Basil Blackwell, 1988.

Fischer, C. S. (1992). *America calling*: *A social history of the telephone to 1940*. Berkeley: University of California Press.

Forester, Tom. (1986). *High-tech society*: *The story of the information technology revolution*. Oxford: Basil Blackwell.

Forester, Tom. (1990, June). The Myth of the Electronic Cottage. *Futures*, pp. 227-240.

Fox, B. (1983, July/Sept). Videocassettes: Past, present, and future. *Intermedia*. *11*(4-5).

Gershuny, J. (1978). *After industrial society, the emerging selfservice economy*. Atlantic Highlands, NJ: Humanities Press.

Haber, Ralph. (1970). How we remember what we see. *Scientific American*, 222, pp. 104-112.

Hamelink, C. (1983). *Cultural autonomy and global communications*. New York: Longman.

Handbook of international trade and development statistics (1993) New York: United Nations.

Hardy, A. (1980, January). *The role of the telephone in economic development*. Stanford, CA: Institute for Communication Research, Stanford University.

Hawkridge, D. J., Jawarski, S., & McMahon, H. (1990). *Computers in third world schools*: *Examples, experience, and issues*. London: Macmillan.

Henderson, J. W. (1986). The new international division of labor and American semiconductor production in Southeast Asia. In C. J. Dixon, D. Drakakis-Smith and H. D. Watts (ed.). *Multinational corporations and the third world*. London: Croom Helm.

Hepworth, E. M. (1986). The geography of economic opportunity in the information society. *The information society*. 4(3), pp. 205-220.

Hepworth, E. M. and K. Robins. (1988). Whose information society? A view from the periphery. *Media, Culture and Society*, 10, pp. 323-343.

Hsia, H. J., & Schweitzer, J. C. (1990). *Education as a determinant of medical information-seeking behavior among Mexican-Americans*. Paper presented at the International Communications Association Conference. Dublin, Ireland.

Huws, U., Kort, W. B., & Robinson, S. (1990). Telework: Practical experiences and future prospects. In R. E. Kraut (Ed.), *Technology and the transformation of white collar work* (pp. 135-152). Hillsdale. NJ: Lawrence Erlbaum.

IFIP working group. (1988). Volume 29. Amsterdam: North-Holland.

Ito, Y. (1981). The "johoka shakai" approach to the study of communication in Japan. In G. C. Wilhoit & H. de Bock (Eds.), *Mass communication review yearbook* (pp. 671-698). Beverly Hills, CA: Sage.

Ito, Y. (1989, May). *Major issues in information society studies.* Paper presented at the Conference on Asia's Experience in information, Taipei, Taiwan.

Ito, Y., & Ogawa, K. (1984, March). Recent trends in johoka shakai and johoka shakai policy studies. *Keio Communication Review*, 5, p. 22.

Japanese Information Processing Development Center (JIPDEC). (1988). *Information white paper.* Tokyo: Author.

Jayaweera, Neville D. (1985). Communication satellites: A third world perspective. In Jorg Becker (ed.). *Information technology and a new international order.* Sweden: Studentlitteratur AB, Chartwell-Bratt Ltd.

Jayaweera, Neville D. (1987). Rethinking development communication: A holistic View. In Neville Jayaweera and Sarath Amunugama (eds.) *rethinking development communication.* Singapore: AMIC, pp. 76-94.

Jonschur, C. (1983). Information resources and economic productivity. *Information Economics and Policy, 1*, pp. 13-35.

Juliussen, E., & Juliussen, K. (1989). *The computer industry almanac.* Incline Village. NV: Brady.

Jussawalla, M. (1986). The information economy and its importance for development of Pacific region countries. In *Information, telecommunications and development* (pp. 655-686). Geneva: International Telecommunications Union.

Jussawalla, M., & Lamberton, D. M. (1982). *Communication economics and development.* New York: Pergamon.

Jussawalla, M., Lamberton, D. M., & Karunaratne, N. D. (1988). *The cost of thinking: Information economics of ten Pacific countries.* Norwood, NJ: Ablex.

Jussawalla, Meheroo. (1989). Access to information in a world without borders: TDF in the Asia Pacific region. Paper presented at the conference on Asia's Experience in Informatization, Taipei, Taiwan.

Jussawalla, Meheroo. (1993). Information technology and economic development in the Asia-Pacific. *Media Asia*, 20(3), pp. 127-132.

Katrowitz, Barbara, et al. (1993, September 6). *Live wires*. Newsweek, pp. 32-38.

Katz, R. L. (1986, September). Explaining information sector growth in developing countries. *Telecommunications Policy, 10*. pp. 209-228.

Katz, R. L. (1988). *The information society: An international perspective*. New York: Praeger.

Kelley, J. (1991, June 15). Information technology sales soars to $256B. *Datamation*, pp. 10-18.

Klee, H. D. (1991, March/April). The video invasion of Africa. *Inter Media, 19*(2), pp. 27-33.

Kraut, R. E. (1989, Summer). Telecommuting: The trade-offs of home work. *Journal of Communication, 39*(3), pp. 19-47.

Kulik, J. A. (1986). Evaluating the effects of teaching with computers. In P. F. Campbell & G. G. Fein (Eds.), *Young children and micro-computers* (pp. 159-170). Englewood Cliffs, NJ: Prentice-Hall.

Kumar, K. (1978). *Prophecy and progress*. Harmondsworth, UK: Penguin.

Kuo, E. C. Y. (1989, February). *Trends of information in Singapore*. Symposium on Information Technology and Singapore Society: Trends, Policies and Applications, National University of Singapore.

Kurian, George. T. (1978). *Encyclopedia of the Third World*. N. Y. Facts on File.

Kusnetz, S. (1957, July). Quantitative aspects of the economic growth of nations II: Industrial distribution of national product and labour force. *Economic Development and Cultural Change*, pp. 27-39.

Kusnetz, S. (1966). *Modern economic growth: Rate structure and spread*. New Haven: Yale University Press.

Lange, S., & Rempp, R. (1977). *Qualitative aspects of the information sectors*. Karlsruhe, Germany: Karlsruhe Institut für Systemtechnil und Innovationsforschung.

Lee, Paul. (1989, April 10-12). Informatization in China. Paper presented at the Conference on Asia's Experience in informatization, Taipei, Taiwan.

Lee, Paul S.N. and Georgette Wang. (1994, July 11-15) "Satellite television: The beginning of deregulating broadcast television?" paper presented at the International Communication Association Conference in Sydney, Australia.

Lee, Sang-chul. (1989, April 10-12). Informatization in Korea. Paper presented at the Conference on Asia's Experience in Informatization, Taipei, Taiwan.

Lent, John. (1986). New information technology myths, questions, alternatives. Paper presented at the IAMCR Conference, New Delhi, India.

Lerner, Daniel. (1958). *The Passing of traditional society: modernizing the Middle East*. Glencoe: Free Press.

Lerner, D., & Schramm, W. (Eds.) (1976). *The past ten years and the next*. Honolulu: University of Hawaii Press.

Liang, Q-W. (1981a). An assessment of all sorts of information sources. *Qingbao Kexue* [*Information Science*]. 6. pp. 30-40.

Liang. Q-W. (1981b). A survey and analysis of the time budget of the Chinese scientific and technological information. *Qingbao Kexue*

[Information Science]. 2, pp. 36-42.

Lyon, D. (1988). The role of the information society conception in IT policy: Some international comparisons and a critique. In R. Plant, F. Gregory, & A. Brier (Eds.), *Information technology*: *The policy issues* (pp. 21-42). London: Manchester University press.

Machlup, F. (1972). *The production and distribution of knowledge in the United States*. Princeton, NJ: Princeton University Press.

Martinez, M. E., & Mead, N. E. (1988). *Computer competence*: *The first national assessment*. Princeton, NJ: Educational Testing Service.

Masuda, Y. (1981). *The information society as past industrial society*: Washington, DC: The World Future Society.

Minow, Newton N. (1991). *How vast the wasteland now*? N.Y.: Gannet Foundation Media Center.

Mora, J.L., E. Molino and S. Reyna. (1988). A general overview of education for informatics in developing countries: The Mexican case. In R. Lewis and E.D. Tagg (ed.). *Informatics and Education*. Amsterdam: North-Holland.

Morgan, M., & Sayer, A. (1988). *Microcircuits of capital*. Boulder, CO: Westview.

Murphy, Brian M. (1986). *The International Politics of New information technology*. London: Croom-Helm.

Murray--Lasso, Macro Antonio. (1987). The use of microcomputers for education and training in Latin America. in *Microcomputer applications in education and training for developing countries*. Boulder, Colorado: Westerview Press.

Negrine, R. and S. Papathanassopoulos. (1991). The internationalization of television. *European Journal of Communication*, 6, pp. 9-32.

Newman, R., & Newman, J. (1985). Information work, or the new divorce? *British Journal of Sociology, 36*(4), pp. 497-514.

New York Times, The. (1987, June 29). Section D, p. 6.

Nora, S., & Minc, A. (1980). *The computerization of society: A report to the president of France.* Cambridge, MA: MIT Press.

NTIA (1988, October). *NTIA TELECOM 2000: Charting the course for a new century.* NTIA Special Publication 88-21. Washington, DC: National Telecommunications and Information Administration. Department of Commerce.

OECD. (1981). *Information activties, electronics and telecommunication technologies.* Paris: Author.

OECD (1989). *CSP Programme.*

OECD: CSTP. (1989). *Programme.* p. 1.

Ogan, C. (1989). The worldwide culture and economic impact of video. In M. Levy (Ed). *The VCR age* (pp. 230-252). Newbury Park, CA: Sage.

Ojulu, Epajjar. (1987, January-February). Invasion by micros expands market. *Computers in Africa.*

Oniki, H., & Kuriyama, T. (1989, May 9-11). *New information technology and the growth of the Japanese economy.* Paper presented at the International Conference on Asia's Experience in Informatization. Taipei, Taiwan, ROC.

Panko, R. O. (1990). *Is office productivity stagnant?* (Working paper 90-008). Honolulu: Pacific Research Institute for Information Systems and Management.

Parkinson, C. N. (1980). *The Law.* Boston: Houghton-Mifflin.

Pearson, Ruth and Swasti Mitter. (1993). "Employment and working conditions of low-skilled information-processing workers in less developed countries." International Labour Review, 132 (1), pp. 49-64.

Pelgrum, Willem J. and Tjeerd Plomp. (1991). The use of computers in education worlwide. Oxford: Pergamon Press.

Pelton, Joseph N. (1984). Trying to measure tiupils and ghiuds. *Intermedia,* 12(1), pp. 16-18.

Pelton, Joseph N. and Robert T. Filep. (1984). Tele-Education via satellite. In Wilbur T. Blume and Paul Schneller (ed.). *Toward international tele-education.* Boulder, Colorado: Westview Press.

Pennar, K. (1988, June). The productivity paradox. *Business Week,* pp. 100-102.

Perfetti, C. (1977). Language comprehension and fast decoding: some psycholinguistic prerequisits for skilled reading comprehension. In Guthrie, J. (ed.). *Cognition, curriculum, and comprehension.* Newark, Delaware: International Reading Association.

Piirto, Rebecca. (1993, May). "Living-room wars." American Demographics, p. 6.

Pool, I. de S., Inose, H., Takasaki, N., & Hurwitz, R. (1984). *Communications flows: A census in the United States and Japan.* Tokyo: University of Tokyo Press.

Porat, M., & Rubin, M. (1977). *The information economy: Development and measurement.* Washington, DC: Government Printing Office.

Prozes, A. (1990, Summer). The electronic information age. *Business Quarterly,* pp. 80-84.

Rahim, Syed and Anthony J. Pennings. (1987). *Computerization and development in Southeast Asia.* Singapore, AMIC.

Rauf, Maswadi. (1981). Overview of programs. In Alfian, Godwin C. Chu (ed.). *Satellite television in Indonesia.* Honolulu, Hawaii: East-West Center.

Research Institute of Telecommunications & Economics (RITE). (1968). Introduction to information and communication in the post-industrial society. Tokyo, Japan: Author.

Research Institute of Telecommunications & Economics (RITE). (1970). Role of telecommunications in the post-industrial society. Tokyo, Japan: Author.

Roach, S. (1983, September 22). America's technological dilemma: A profile of the information economy. In *Special economic study*. New York: Morgan Stanley.

Roach, S. (1988). Technology and the service sector: America's hidden competitive challenge. In B. R. Guile & J. Quinn (Eds.), *Technology in services*: *Policy for growth, trade, and employment* (pp. 118-138). Washington, DC: National Academy Press.

Robertson, Edward L. (1988, July-August). Pitfalls for Kenya's computerisation. *Computers in Africa*.

Rostow, W.W. (1961). *The stages of economic growth*: *A non-communist manifesto*. Cambridge, UK: Cambridge University Press.

Rubin, M. R., & Huber, M. T. (1986). *The knowledge industry in the United States. 1960-1980*. Princeton, NJ: Princeton University Press.

Ruesch, J. and Kees, W. (1956). *Nonverbal communication*. Berkeley, CA: University of California Press.

Saunders, Robert, J. Jeremy Warford and Bjorn Wellenius. (1983). *Telecommunications and economic development*. Baltimore: The Johns Hopkins University Press.

Schlack, Mark. (1993, June 15). "The new IT industry takes shape." Datamation, pp. 12-16.

Schor, J.B. (1992). *The overworked American*: *The unexpected decline of leisure.* New York: Basic Books.

Schumacher, E. F. (1975). *Small is beautiful*: *As if people mattered.* New York: Harper Colophon.

Schuringa, T. M. (1983). The Impact of information technology in the development of rural areas. *Media Asia*, 103, pp. 134-138.

Schram, mW. (1964). *Mass media and national development.* Palo Alto, CA: Stanford University Press.

Schware, Robert. (1987). Software industry development in the third world: policy guidelines, institutional options and constraints. *World Development*, 15 (10/11).

Screen Digest. (1994, August).

Seal—Wanner, Carla. (1988) Interactive video systems: Their promises and educational potential. In Robert O. MClintock (ed.). *Computers and education.* New York: Teachers College, Columbia University.

Senghas, D. (1983). Disassociation and autocentric development. *Economics. 18.* 22.

Servan—Schreiber, J-J. (1979). *The American challenge.* New York: Simon & Schuster.

Shannon, C. & Weaver, W. (1949). *The mathematical theory of communications.* Champaign-Urbana: University of Illinois Press.

Shiba, S. (1986). Information society and education: Past experiences and new trends in Japan. In B. Sendov & I. Stanchov (Eds.). *Children in an information age* (pp. 11-28). Oxford: Pergamon.

Showers, V. (1989). *World facts and figures.* New York: John Wiley.

Sinatra, Richard. (1986). *Visual literacy connections to thinking, reading and writing.* Springfield, Illinois: Charles C. Thomas.

Siwek, Stephen E. and Harold W. Furchtgott-Roth. (1993) International trade in computer software. Westport, Connecticut: Quorum Books.

Smith, C. P., & Zimmerman, B. J. (1988, Summer). Microcomputers in schools: A promise unfulfilled? *Social Policy*. pp. 17-20.

Statistical Abstract of the United States (1980). Washington, D. C. U. S. Department of Commerce.

Steffens, John. (1994). Newgames: strategic competition in the PC revolution. Oxford: Pergamon Press.

Stevenson, R. L. (1988). *Communication, development and the third world*. New York: Longman.

Stover, William J. (1984). Information technology in the third world. *Boulder*, Colorado: Westview Press.

Telecommunications white paper. (1990). Tokyo: Ministry of Posts and Telecommunications.

The use of information technologies for education in science, mathematics and computers; an agenda for research (mimco). (1984). Cambridge, MA: Education Technology Center, Harvard Graduate School of Education.

Todaro, M. P. (1989). *Economic development in the third world* (4th ed.). New York: Longman.

UNESCO. (1987). *UNESCO statistical yearbook*. Paris: Author.

UNESCO. (1988). *Compendium of statistics on illiteracy*. Paris: Author.

UNESCO. (1989). *World communication report*. Paris: Author.

United Nations. (1989). *International trade statistics yearbook*. New York: Author.

United Nations. (1990). *Industrial development report*. New York: Author.

United Nations Industrial Development Organization. varions years *Industry and development: Global report* Vienna: Author.

Uno, K. (1982). The role of communications in economic development: The Japanese experience. In M. Jussawalla & D. Lamberton (Eds.). *Communication economics and development*. New York: Pergamon.

U.S. Department of Commerce. (1991). *Statistical abstract of the United States*, 1991. Washington, DC: Economics and Statistics Administration, Bureau of the Census.

Verity. J. W. (1992, January 13). From mainframes to clones, a tricky time. *Information Week. p.* 53.

Vitro, R. (1984, May 21). The information sector: A crossroad for development. Presentation at the Transnational Data Reporting Service, Face to Face Session No. 10.

Voge, J. (1983). The political economics of complexity. *Information Economics and Policy, I.* pp. 97-114.

Wall, S. D. (1977). *Four sector time series of the U.K. labour force*. 1841-1971. London: Post Office Long Range Studies Division.

Wang, G. (1986). Video boom in Taiwan: Blessing or curse? *The Third Channel*, 2(1). pp. 365-379.

Wang, G. (1989, May). *Information society in their mind: A survey of Asian and American college students*. Reported at the International Conference of Asia's Experience in Informatization, Taipei, Taiwan, ROC.

Wang, G., Hsu, C. S., & Kuang, S. (forthcoming). *Videotex's first step in Taiwan: A study of user reactions*. Research report to be published, Taipei, Taiwan.

Wang, Georgette. (1993). satellite television and the future of broadcast television in the Asia Pacific. *Media Asia*, 20 (3), pp. 140-151.

Wang, Georgette and Fan-tung Tseng (汪琪、曾繁藤) (June 15-17, 1992). The first step to privatizing telecommunications industry in

Taiwan. Paper presented at the International Telecommunications Society conference, Sophia Antipolis, France.

Webster's new world dictionary of the American language (College ed.). (1966). New York: World Publishing.

Williams, R. (1983). *Towards* 2000. London: Chatto and Windus. Williarns, F. (1982) *The Communication Revolution.* Beverly Hills, CA: Sage.

Windham, G. (1970). Political development and Lerner's theory: Further test of a causal model. *American Political Science Review, 64.* pp. 810-814.

World Bank. (various years). *World development report.* Washington. DC: World Bank.

World VCR survey: One in three TV homes. (1991, November/December). *Intermedia,* 19(6), p. 6.

Yearbook of common carrier telecommunication statistics. (various years). Geneva, Switzerland: ITU.

Yearbook of labour statistics. (various years). Geneva, Switzerland: ILO.

Yoshizoe, Y. (1986). An economic interpretation of information flow census data. *Keio Communication Review,* 9. pp. 58-82

中文部分

李少南 （1994年8月12日）《衛星電視亞洲大戰》，信報。

汪琪、吳翠珍與陳百齡 （1994）《臺灣地區資訊素養之研究》，國科會報告。

蔡繼光 （1995年1月18日）《電腦上逛街，購物免跑腿。》，聯合報，頁42。

《資訊工業年鑑》（民國七十七年）。資訊工業策進會，臺北，臺灣。

《數據通信要覽》（民國八十一年）。交通部數據通信所，臺北，臺灣。

潘家慶、王石番、謝瀛春（民國七十五年）。《一九八六年臺灣地區民眾傳播行為研究》。國科會報告。

鍾蔚文、汪琪、沈清松（民國七十七年）。《臺灣地區資訊化語文化變遷之研究》。國科會報告。

大雅叢刊書目

法律叢書

圖書資訊學叢書書目

教育叢書書目

中國現代史叢書書目

三民大專用書書目──法律

三民大專用書書目——政治・外交

三民大專用書書目——行政·管理

書名	著者		學校
行政學	張潤書	著	政治大學
行政學	左潞生	著	中興大學
行政學新論	張金鑑	著	政治大學
行政學概要	左潞生	著	中興大學
行政管理學	傅肅良	著	中興大學
行政生態學	彭文賢	著	中興大學
人事行政學	張金鑑	著	政治大學
人事行政學	傅肅良	著	中興大學
各國人事制度	傅肅良	著	中興大學
人事行政的守與變	傅肅良	著	中興大學
各國人事制度概要	張金鑑	著	政治大學
現行考銓制度	陳鑑波	著	
考銓制度	傅肅良	著	中興大學
員工考選學	傅肅良	著	中興大學
員工訓練學	傅肅良	著	中興大學
員工激勵學	傅肅良	著	中興大學
交通行政	劉承漢	著	成功大學
陸空運輸法概要	劉承漢	著	成功大學
運輸學概要（增訂版）	程振粵	著	臺灣大學
兵役理論與實務	顧傳型	著	
行為管理論	林安弘	著	德明商專
組織行為管理	龔平邦	著	逢甲大學
行為科學概論	龔平邦	著	逢甲大學
行為科學概論	徐道鄰	著	
行為科學與管理	徐木蘭	著	臺灣大學
組織行為學	高尚仁、伍錫康	著	香港大學
組織行為學	藍采風、廖榮利	著	美國波里斯大學 臺灣大學
組織原理	彭文賢	著	中興大學
實用企業管理學（增訂版）	解宏賓	著	中興大學
企業管理	蔣靜一	著	逢甲大學
企業管理	陳定國	著	臺灣大學
國際企業論	李蘭甫	著	東吳大學
企業政策	陳光華	著	交通大學
企業概論	陳定國	著	臺灣大學

三民大專用書書目——心理學

心理學（修訂版）	劉安彥	著	傑克遜州立大學
心理學	張春興、楊國樞	著	臺灣師大
怎樣研究心理學	王書林	著	
人事心理學	黃天中	著	淡江大學
人事心理學	傅肅良	著	中興大學
心理測驗	葉重新	著	臺中師院
青年心理學	劉安彥 陳英豪	著	傑克遜州立大學 省政府

三民大專用書書目——美術・廣告

廣告學	顏伯勤	著	輔仁大學
展示設計	黃世輝、吳瑞楓	著	成功大學
基本造型學	林書堯	著	臺灣國立藝專
色彩認識論	林書堯	著	臺灣國立藝專
造形（一）	林銘泉	著	成功大學
造形（二）	林振陽	著	成功大學
畢業製作	賴新喜	著	成功大學
設計圖法	林振陽	編	成功大學
廣告設計	管倖生	著	成功大學